Preiswerte Fleischgerichte

VERLAG MARTIN GREIL GMBH

Inhalt

Rezepte und Ideen:
Friederun Köhnen und Team

Fotos:
Dietmar Frege, Ludger Rose,
Monika Brink, Christof Schlotmann
Warenkunde: CMA

Redaktionelle Bearbeitung:
Veronika und Ulrich Müller, Zell a.H.

Layout:
Ulrich Müller, Zell a.H.
FAB Günther Fannei GmbH, Berlin

Umschlaggestaltung:
R.O.S., Leonberg

Printed in Jugoslavia

ISBN 3-89430-204-6

Ein Wort zuvor

Es ist ein Kinderspiel, jeden Tag „Verwöhngerichte" auf den Tisch zu bringen, wenn Ihnen die allerbesten Zutaten in Hülle und Fülle zur Verfügung stehen. In diesem Buch präsentieren wir Ihnen Fleischgerichte aller Art, die auch bei einer schmalen Haushaltskasse erschwinglich sind und wir zeigen Ihnen, wie viele Möglichkeiten es gibt, auch preiswerte Gerichte raffiniert und schmackhaft zuzubereiten.

„Preiswerte Fleischgerichte" ist kein Kochbuch mit langen Erklärungen, es ist eine liebevoll zusammengestellte Sammlung von dekorativen Ideen, Anregungen und praxisbezogenen Rezepten. Immer Schritt für Schritt beschrieben und so fotografiert, daß Ihnen alles sofort gelingt. Wenn Sie die Grundzubereitung beachten, kann nichts schief gehen, auch wenn Sie die eine oder andere Zutat weglassen oder durch eine andere ersetzen. Denn Ihr eigener Geschmack und die Vorlieben Ihrer Familie sollen schließlich nicht zu kurz kommen.

Zaubern Sie aus preiswerten Grundzutaten kulinarische Leckerbissen, und Sie werden sehen, wie leicht es gelingt, dem Auge, dem Gaumen – und nicht zuletzt dem Portemonnaie – Freude zu bereiten.

Wenn nicht anders angegeben, sind alle Rezepte für 4 Personen berechnet.
[***] = gefriergeeignet

Gefüllte Braten

Gefüllter Braten mit Wirsing

1 kg Schweinebraten (rechteckiges ca. 1–1 ½ cm großes Stück Fleisch zum Aufrollen), Salz, Pfeffer, Paprikapulver

Füllung:

1 kleiner Wirsingkohl, Salzwasser, 100 g durchwachsener, geräucherter Speck

Sauce:

100 g Möhren, 100 g Sellerie, 100 g Zwiebeln, 2 Eßlöffel Tomatenmark, ca. ¾ Liter Brühe, 30 g Mehl, 30 g Butter

1 Fleisch abspülen, trockentupfen und auf der Innenseite mit Salz, Pfeffer und Paprika einreiben.

2 Wirsingkohl putzen und säubern. Die Blätter ablösen, im kochenden Salzwasser kurz blanchieren, auf einem Sieb abtropfen lassen und mit Küchenpapier trockentupfen.

3 Speck in Würfel schneiden, in einer Pfanne anrösten und auf Küchenpapier abfetten lassen.

4 Den Braten mit den Kohlblättern belegen und mit Speckwürfeln bestreuen.

5 Das Fleisch von der breiten Seite her vorsichtig aufrollen und mit Rouladengarn fest zusammenbinden.

6 Den gefüllten Braten mit den Gewürzen kräftig einreiben, dann in eine reichlich mit Öl eingefettete feuerfeste Form legen. Im vorgeheizten Backofen bei 220 Grad ca. 10 Minuten anbraten.

7 In der Zwischenzeit das Gemüse putzen, waschen und in grobe Würfel schneiden. Um den Braten legen. Tomatenmark zufügen und alles vermischen. Den Braten in dem nun auf 175 Grad heruntergeschalteten Backofen ca. 1 ½ Stunden garen, dabei nach und nach etwas Brühe von der Seite her angießen.

8 Den Braten aus der Form nehmen. In Alufolie gewickelt 5 – 10 Minuten im ausgeschalteten Backofen ruhen lassen. Den Bratenfond durch ein Sieb streichen, mit der restlichen Brühe auf ½ Liter auffüllen und aufkochen lassen.

9 Butter mit dem Mehl verkneten und den durchgesiebten Bratenfond damit binden. Die Sauce nach Belieben mit Salz und Pfeffer abschmecken.

10 Das Garn mit Hilfe eines scharfen Messers vom Braten entfernen.

11 Fleisch in Scheiben schneiden und zusammen mit der Sauce anrichten.

***

TiP

Ein Bratenthermometer ist ideal, wenn man öfters große Braten im Backofen zubereitet. Man steckt es in den Braten, ermittelt so die Innentemperatur des Fleisches und kann die Garstufe dann an einer Skala ablesen.

Den Braten würzen und mit der gewünschten Füllung belegen.

Das Fleisch von der breiten Seite her vorsichtig aufrollen.

Den Braten mit einem starken Bindfaden (Rouladengarn) fest zusammenbinden.

Vorbereitetes Gemüse und Tomatenmark zu dem Braten geben und das Fleisch fertig garen.

Butter und Mehl verkneten und den Bratenfond damit binden.

Das von außen ebenfalls gewürzte Fleisch in eine mit Öl gefettete feuerfeste Form legen und im Backofen anbraten.

Den Bratenfond mit dem Gemüse durch ein Sieb streichen.

Den Bindfaden mit Hilfe eines scharfen Messers entfernen. Das Fleisch dann aufschneiden und mit der Sauce servieren.

Gefüllter Schweinebraten

750 g ausgelöstes Schweinekotelett,
Salz, weißer Pfeffer, 30 g Butterschmalz,
2 Zwiebeln, ¼ Liter Fleischbrühe,
einige Thymianzweige,
einige schwarze Pfefferkörner

1 Schweinekotelett vom Fleischer wie einen Rollbraten aufschneiden lassen. Schnittfläche schwach salzen und pfeffern.

2 Eine beliebige Füllung (siehe rechts) auf das Fleisch geben. Fleisch zusammenrollen, außen salzen und pfeffern und im heißen Butterschmalz in einem Bräter rundherum braun anbraten.

3 Geschälte, halbierte Zwiebeln zufügen, heiße Fleischbrühe angießen, Thymian und Pfefferkörner auf das Fleisch geben.

4 Fleisch im vorgeheizten Backofen bei 200 Grad ca. 45 Minuten braten. Dabei hin und wieder mit etwas Fond begießen.

5 Aus dem durchgesiebten Bratfond nach Belieben mit Sahne oder Crème fraîche eine Sauce bereiten oder den Fond mit Saucenbinder oder Speisestärke andicken.

******* *je nach Füllung*

1. Füllung

500 g Möhren, Salz, Pfeffer,
Zitronensaft, Zucker

1 Möhren waschen, putzen und schälen. Anschließend feinraspeln und mit den Gewürzen abschmecken.

****

2. Füllung

750 g Blattspinat, 2 kleine Zwiebeln,
1 Knoblauchzehe, 40 g Butter oder
Margarine, Salz, Pfeffer

1 Spinat waschen und verlesen. Zwiebeln und Knoblauchzehe abziehen. Zwiebel in Würfel schneiden und Knoblauchzehe mit Salz zerdrücken.

2 Butter oder Margarine erhitzen, Zwiebelwürfel und Knoblauch darin glasig werden lassen. Spinat tropfnaß zufügen, würzen und im offenen Topf 5 Minuten dünsten. Wenn dann noch Flüssigkeit vorhanden ist, den Spinat in einem Durchschlag abtropfen lassen.

nicht gefriergeeignet

3. Füllung

3 rote Paprikaschoten, 1 Gemüsezwiebel, 40 g Butter oder Margarine, Salz, Pfeffer, getrocknetes Basilikum

1 Paprikaschoten waschen, halbieren, von den Samensträngen befreien und in Streifen schneiden. Gemüsezwiebel abziehen und in dünne Ringe schneiden.

2 Butter oder Margarine erhitzen, Paprikastreifen und Zwiebelringe darin glasig braten. Mit Salz, Pfeffer und Basilikum abschmecken.

nicht gefriergeeignet

4. Füllung

1 kleiner Weißkohl, Salzwasser, 100 g durchwachsener, geräucherter Speck

1 Den Weißkohl putzen und die Blätter ablösen, im kochenden Salzwasser 2 Minuten blanchieren, dann kalt abschrecken und abtropfen lassen.

2 Speck in Würfel schneiden, in einer Pfanne anrösten und auf Küchenpapier abfetten lassen. Fleisch mit Kohlblättern belegen und mit Speckgrieben bestreuen.

***

Gefüllte Kalbsbrust

1 kg ausgebeinte Kalbsbrust, 400 g Möhren, 3/8 Liter Fleischbrühe, 100 g Langkornreis, 1 kleiner Becher Crème fraîche (100 g), 100 g Butter oder Margarine, 75 g gehackte Walnüsse, Salz, Pfeffer, geriebene Muskatnuß

1 In die ausgebeinte Kalbsbrust schon vom Fleischer eine tiefe Tasche schneiden lassen. Fleisch kurz abspülen und trockentupfen.

2 Möhren waschen, putzen, schälen und in Scheiben schneiden. Fleischbrühe zum Kochen bringen, Möhren und Reis hineingeben und in 25 Minuten ganz weich werden lassen. Die Flüssigkeit muß verdunstet sein.

3 Die Masse im Mixer pürieren und mit Crème fraîche, 50 g Butter oder Margarine und den Walnüssen vermengen. Mit Salz, Pfeffer und Muskatnuß pikant würzen. In die Kalbsbrust füllen und diese zunähen.

4 Kalbsbrust außen mit Salz und Pfeffer einreiben. Restliches Fett in einem Bräter erhitzen, Kalbsbrust darin von beiden Seiten anbraten. Im vorgeheizten Backofen bei 200 Grad ca. 2 Stunden braten. Dabei hin und wieder etwas Wasser angießen. Kalbsbrust vor dem Anschneiden 10 Minuten im abgeschalteten Backofen ruhen lassen.

5 Aus dem Bratfond kann mit etwas Fleischbrühe, Weißwein und Sahne eine Sauce bereitet werden, die man nach Belieben mit Saucenbinder oder Speisestärke andickt.

***

Kalbsbraten mit verschiedenen Füllungen

Grundrezept:

1 kg Kalbsbraten (rechteckiges, ca. 1–1 ½ cm dickes Stück Fleisch zum Aufrollen),
Salz, Pfeffer, Paprikapulver,
grüne Pfefferkörner, Thymian,
½ Liter Brühe

1 Kalbsbraten abspülen, trockentupfen, auf eine Arbeitsfläche legen und mit Salz, Pfeffer und Paprikapulver bestreuen.

2 Das Fleisch mit der gewünschten Füllung (s. unten und rechts) versehen, mit Rouladengarn fest umwickeln und mit den Gewürzen kräftig einreiben.

3 Gefüllten Kalbsbraten in eine Fettpfanne legen, mit etwas Brühe umgießen und im vorgeheizten Backofen bei 200 Grad 1 ½ – 2 Stunden garen. Während des Garens die restliche Brühe nach und nach seitlich angießen und den Braten mehrmals mit dem Bratenfond übergießen, damit er schön saftig bleibt.

4 Den Braten vor dem Aufschneiden einige Minuten ruhen lassen. Aus dem durchgesiebten Fond mit Saucenbinder und Sahne eine Sauce bereiten.

✱✱✱

Mais-Erbsen-Füllung

2 Eßlöffel Butter oder Margarine,
100 g Mais (aus der Dose),
2 Eßlöffel gehackte, gemischte Kräuter,
200 g tiefgekühlte Erbsen, Salz, Pfeffer

Butter oder Margarine erhitzen, das Gemüse und die Kräuter hineingeben, mit Salz und Pfeffer abschmecken und alles kurz darin dünsten. Dann auf das Fleisch geben.

nicht gefriergeeignet

Blumenkohl-Füllung

1 mittlerer Blumenkohl (ca. 800 g),
Wasser, Salz, 30 g Butter oder Margarine,
30 g Mehl, 2 Eßlöffel Sahne,
1 Prise Muskat

1 Den Blumenkohl in Röschen zerteilen, waschen und in kochendem Salzwasser in ca. 8 Minuten beißfest kochen.

2 Butter oder Margarine erhitzen, Mehl einstreuen und darin anschwitzen.

3 Mit etwas Blumenkohlwasser ablöschen. Die Sahne einrühren und alles 10 Minuten kochen lassen. Dabei hin und wieder umrühren. Die Blumenkohlröschen hineingeben und die Füllung mit Salz und Muskatnuß abschmecken. Dann auf das Fleisch geben.

nicht gefriergeeignet

Bohnen-Möhren-Füllung

100 g durchwachsener Speck,
100 g Erbsen (aus der Dose oder tiefgekühlt),
100 g Möhren (aus der Dose oder tiefgekühlt), 100 g Bohnen (aus der Dose oder tiefgekühlt), Salz, Pfeffer

1 Den Speck in Würfel schneiden und in einer Pfanne auslassen.

2 Das abgetropfte oder leicht angetaute Gemüse hineingeben und kurz dünsten. Mit Salz und Pfeffer würzen, dann auf dem Fleisch verteilen.

nicht gefriergeeignet

Rotkohl-Füllung

½ Rotkohl (ca. 500 g),
20 g Schweineschmalz, ½ Tasse Wasser,
1 Lorbeerblatt, 3–4 Nelken,
1–2 Eßlöffel Essig, 1 Teelöffel Zucker,
Salz, Pfeffer

1 Den Rotkohl putzen, waschen und in feine Streifen schneiden, dabei den Strunk entfernen.

2 Das Schmalz erhitzen, die Kohlstreifen darin unter Rühren kurz andünsten, dann Wasser, Lorbeerblatt, Nelken, Essig und Zucker zugeben und den Kohl ca. 15 Minuten dünsten. Mit Salz und Pfeffer kräftig würzen und auf das Fleisch geben.

nicht gefriergeeignet

Spinat-Füllung

750 g Blattspinat, 2 Zwiebeln,
2 Knoblauchzehen, Salz,
50 g Butter oder Margarine, Pfeffer,
Muskatnuß

1 Den Spinat gründlich waschen und verlesen. Auf einem Durchschlag abtropfen lassen.

2 Zwiebeln und Knoblauchzehen abziehen. Die Zwiebeln feinhacken, Knoblauchzehen mit etwas Salz zerdrücken.

3 Butter oder Margarine erhitzen, Zwiebeln und Knoblauch darin glasig werden lassen. Spinat zufügen, mit Salz, Pfeffer und Muskatnuß würzen und etwa 5 Minuten im eigenen Saft dünsten. Sollte sich zuviel Flüssigkeit bilden, diese abgießen und die Spinatblätter erst dann auf dem Fleisch verteilen.

nicht gefriergeeignet

Kotelettkrone

2 Kotelettstränge (à 8 Koteletts) vom Schwein,
4 Eßlöffel Öl, Salz, Pfeffer,
Paprikapulver, 1/4 Liter Brühe,
400 g grüne Bohnen, 400 g Blumenkohlröschen, 400 g Rosenkohlröschen,
400 g Möhrenscheiben, Salzwasser,
60 g Butter, 1 Prise Muskat, 1/4 Liter
Rotwein, 1 Eßlöffel Speisestärke

1 Die Kotelettstränge kurz kalt abspülen, trockentupfen und das Fleisch zwischen den Knochen tief einschneiden. Dann so zusammensetzen, daß die Knochen oben stehen. Zwei Endrippen mit Rouladengarn fest zusammenbinden.

2 Das doppelte Kotelett rundbiegen, dabei muß der fleischige Teil nach außen stehen. Die beiden anderen Endrippen zusammenbinden, so daß eine Krone entsteht. Garn gut verknoten.

3 Öl mit Salz, Pfeffer und Paprika vermischen. Kotelettkrone in eine Fettpfanne legen, mit Würzöl einstreichen.

4 Die Spitzen jeder Rippe mit einem Stück Alufolie umwickeln, damit sie beim Braten nicht verbrennen. Die Kotelettkrone im vorgeheizten Backofen bei 200 Grad ca. 10 Minuten anbraten. Die Temperatur auf 175 Grad herunterschalten und das Fleisch in ca. 90 Minuten garen, dabei hin und wieder seitlich etwas Brühe angießen.

5 In der Zwischenzeit die Gemüse vorbereiten, in kräftig gesalzenem Wasser etwa 15 Minuten kochen, dann abgießen. Die Butter in einem großen Topf erhitzen, das Gemüse darin

Fleisch abspülen, trokkentupfen, an den Knochen einschneiden und an zwei Endrippen zusammennähen.

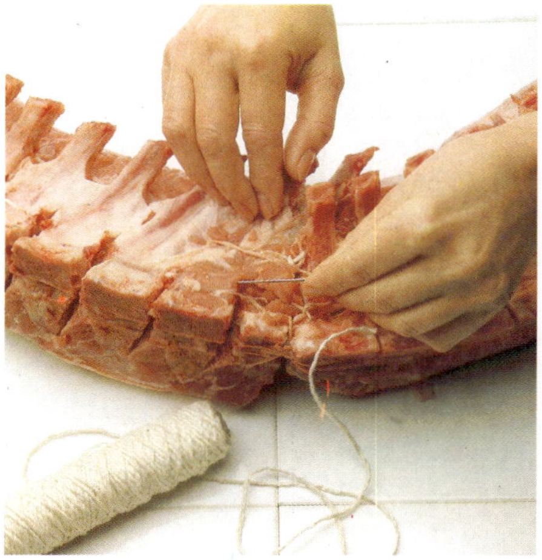

Die Knochen mit kleinen Aluhäubchen schützen, damit sie beim Braten nicht verbrennen. Die Krone im Backofen anbraten, dann in etwa 90 Minuten garen.

Das Kotelettstück rund biegen, dabei muß der fleischige Teil außen sein. Die anderen beiden Endrippen zusammenbinden und das Garn gut verknoten.

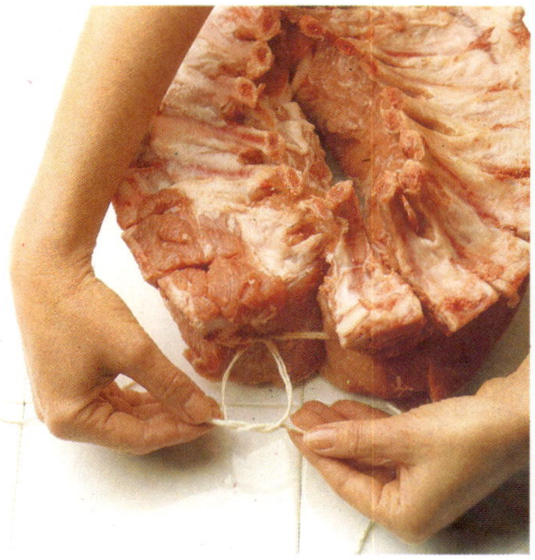

Die fertige Krone mit beliebigem, gegarten Gemüse füllen. Aus dem Fond bereitete Sauce getrennt reichen.

Öl mit den Gewürzen vermischen. Kotelettkrone in einen Bräter setzen und mit dem Würzöl einpinseln.

schwenken, mit Salz, Pfeffer und Muskatnuß abschmecken. Warm halten.

6 Die Krone aus dem Bräter nehmen, von den Aluhäubchen befreien und im ausgeschalteten Backofen ruhen lassen.

7 Bratfond mit restlicher Brühe lösen, durch ein Sieb gießen, mit Rotwein vermischen und aufkochen. Mit in wenig Wasser angerührter Speisestärke binden und abschmecken.

8 Krone auf ein Servierbrett setzen, mit Gemüse füllen. Sauce getrennt reichen.

******* *ohne Füllung*

Kalbsbrust mit Gemüsefüllung

1 kg Kalbsbrust, Salz, Pfeffer, Paprikapulver

Füllung:

350 g Möhren, 350 g Zwiebeln, 3 Eßlöffel Crème fraîche, 1 Prise Zucker, 1 kleine Stange Lauch, 30 g Butterschmalz

1 Das Fleisch abspülen und trockentupfen, dann mit einem scharfen Messer eine Tasche hineinschneiden. Die Kalbsbrust innen und außen mit Salz, Pfeffer und Paprikapulver würzen.

2 Die Möhren waschen, schälen und kleinschneiden. Zwiebeln abziehen und halbieren. Zwei Zwiebeln zurückbehalten. Die übrigen mit den Möhren in wenig Salzwasser in ca. 20 Minuten weichkochen.

3 Zwei Möhren in etwa 2 cm lange Stücke schneiden. Die übrigen mit den gekochten Zwiebeln zusammen pürieren. Das Püree mit der Crème fraîche vermischen und mit Salz, Pfeffer und Zucker abschmecken.

4 Den Lauch putzen, waschen und in dünne Ringe schneiden. Zusammen mit den Möhrenstücken unter das Püree mischen. Das Püree in die Kalbsbrust füllen und diese mit Rouladengarn zunähen.

5 Butterschmalz in einem Bräter erhitzen und die Kalbsbrust darin rundherum in 10 Minuten anbraten. Die zurückbehaltenen Zwiebeln in Ringe schneiden und auch in den Bräter geben. Bräter dann in den auf 180 bis 200 Grad vorgeheizten Backofen stellen und die Kalbsbrust ca. 90 Minuten braten. Dabei hin und wieder mit etwas Bratensaft bestreichen.

6 Den Braten vor dem Aufschneiden 5 Minuten in dem ausgeschalteten Backofen ruhen lassen.

***

TIP

Sie bekommen eine besonders gute Sauce, wenn Sie während der Bratzeit hin und wieder etwas Brühe angießen, den Bratfond später mit etwas Weißwein ablöschen und mit etwas Crème fraîche verfeinern.

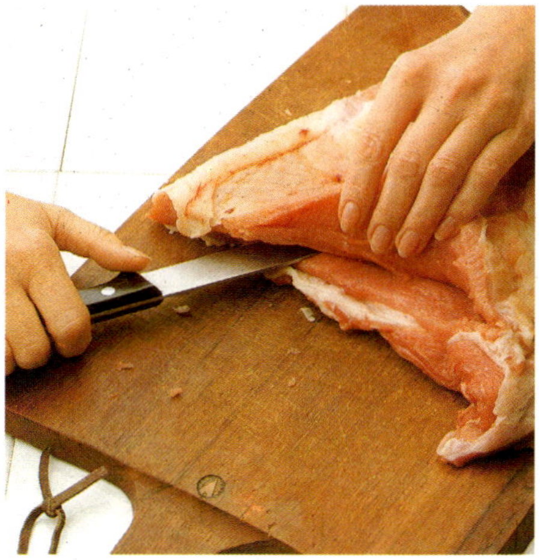

In das Fleisch mit einem scharfen Messer eine tiefe Tasche schneiden.

Die Fleischtasche mit einer beliebigen Gemüsemasse füllen.

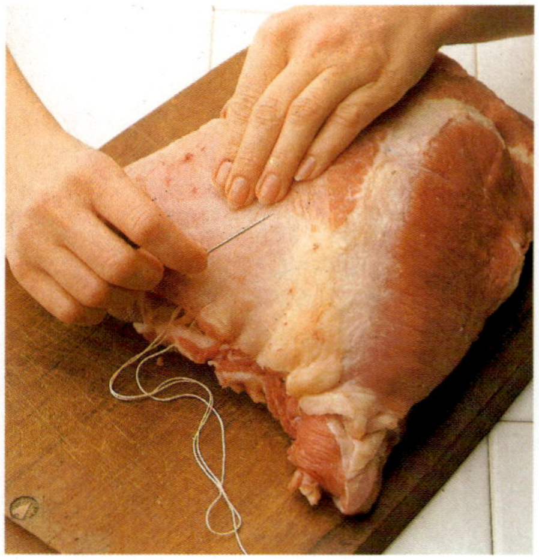

Die Öffnung mit Rouladengarn zunähen, dabei darauf achten, daß das Fleisch nicht einreißt.

Gefüllter Schweinebauch

1 ½ kg Schweinebauch

Füllung:

8 altbackene Brötchen, 3 Eier, ¼ Liter heiße Milch, 2 Zwiebeln, 1 Bund Petersilie, 1 Eßlöffel Butter oder Margarine, Salz, geriebene Muskatnuß, 2 Eßlöffel Öl, 1 Eßlöffel frischer oder 1 Teelöffel getrockneter Majoran, Paprikapulver, grob zerstoßener Pfeffer, 1 Knoblauchzehe

1 Die Brötchen abreiben, in Scheiben schneiden, in eine Schüssel geben, mit der heißen Milch übergießen und weich werden lassen.

2 Zwiebeln abziehen und in feine Würfel schneiden. Petersilie waschen und feinhacken. Beides in der heißen Butter oder Margarine andünsten. Zusammen mit den Eiern zu den eingeweichten Brötchenscheiben geben. Alles miteinander verkneten und die Masse mit Salz und Muskatnuß kräftig würzen. Sollte die Füllung zu feucht sein, mischen Sie noch etwas Semmelbrösel darunter.

3 Die Füllung in die Fleischtasche geben und diese mit einigen Holzstäbchen zustecken.

4 Knoblauchzehe abziehen, mit Salz zerdrücken und mit Öl, Majoran, Paprika, Pfeffer und Salz vermischen.

5 Den gefüllten Schweinebauch mit dem Würzöl bestreichen und im vorgeheizten Backofen bei 200 Grad ca. 1 ½ Stunden braten. Dabei häufig mit Bratensaft bestreichen. Vor dem Aufschneiden 5 Minuten ruhen lassen. Dazu Weißkohlsalat reichen.

***

Gefüllter Schulterbraten

1 kg Schweineschulter ohne Knochen, Salz, Pfeffer, 1 Knoblauchzehe

Füllung:

500 g Spinat, 2 Zwiebeln, 250 g Möhren, 50 g Butter oder Margarine, geriebene Muskatnuß

Sauce:

1 Zwiebel, 1 Knoblauchzehe, 1 kleine Dose geschälte Tomaten (400 g), 1 Teelöffel Basilikum, 1 Prise Zucker

1 In den Schulterbraten vom Fleischer eine tiefe Tasche schneiden lassen. Das Fleisch abspülen, trockentupfen und von innen mit Salz, Pfeffer und Knoblauchpulver würzen.

2 Spinat waschen, verlesen und abtropfen lassen. Zwiebeln abziehen und in Würfel, Möhren waschen, schälen und in dünne Scheiben schneiden.

3 Die Hälfte der Butter oder Margarine erhitzen und die Zwiebelstückchen darin glasig braten. Spinat und Möhrenscheiben zugeben und alles kurz dünsten.

4 Die Masse grob zerkleinern, mit Salz und Muskatnuß abschmecken und in das Fleisch füllen. Die Öffnung mit Rouladengarn zunähen.

5 Den Braten von außen würzen und in dem restlichen erhitzten Fett von beiden Seiten anbraten.

6 Für die Sauce Zwiebel und Knoblauchzehe abziehen. Zwiebel feinwürfeln, Knoblauchzehe mit etwas Salz zerdrücken, beides zum Fleisch geben und glasig braten.

7 Tomaten, Basilikum und Zucker zufügen und das Fleisch im geschlossenen Topf ca. 1 ½ Stunden schmoren lassen.

8 Das Fleisch warm stellen. Den Schmorfond durch ein Sieb streichen, aufkochen lassen und evtl. mit etwas Speisestärke andicken. Mit Salz und Pfeffer abschmecken und zusammen mit dem Braten servieren.

***

Gefüllte Schweinerippe

750 g Schweinerippe (vom Fleischer eine Tasche einschneiden lassen)

Füllung:

400 g gemischtes Dörrobst, 200 g Hackfleisch, 2 Zwiebeln, Salz, Pfeffer, 1 Eßlöffel Butter oder Margarine, 1 Becher saure Sahne

1 Das Dörrobst im kalten Wasser ca. 2 Stunden einweichen.

2 Hackfleisch mit dem eingeweichten Obst, der abgezogenen, feingehackten Zwiebel, Salz und Pfeffer vermischen und nach Wunsch abschmecken.

3 Die Fleischtasche damit füllen und mit Spießen zustecken.

4 Gefüllte Schweinerippe mit Fett bestreichen und im vorgeheizten Backofen bei 175 Grad ca. 1 ½ Stunden garen. Mehrmals mit Bratensaft begießen.

5 Das Fleisch warm stellen, den Bratensaft in einen Topf abgießen, evtl. mit Brühe aufgießen und aufkochen lassen. Mit saurer Sahne verfeinern.

***

Gulasch – bunt gemischt

Helles Wurstragout

40 g Butter oder Margarine, 40 g Mehl,
½ Liter Fleischbrühe, 500 g Fleischwurst,
1 Bund gemischte Kräuter, 5 Eßlöffel
trockener Weißwein, 3 Eßlöffel Sahne,
Salz, Pfeffer, geriebene Muskatnuß

1 Butter oder Margarine in einem großen Topf erhitzen. Mehl einstreuen und hell anschwitzen. Unter Rühren mit Fleischbrühe ablöschen und 10 bis 15 Minuten köcheln lassen.

2 Wurst häuten, in Würfel schneiden. Die abgespülten Kräuter feinhacken.

3 Wurst und Kräuter in die Sauce geben. Die Sauce mit Wein und Sahne verfeinern, erhitzen, aber nicht mehr kochen lassen.

4 Das Ragout mit Salz, Pfeffer und Muskatnuß abschmecken.

nicht gefriergeeignet

Putengulasch

1 Zwiebel, 3 Nelken, 1 Lorbeerblatt,
½ Liter Wasser, Salz,
500g Putenfleisch am Stück,
40 g Butter oder Margarine, 30 g Mehl,
3 Eßlöffel Zitronensaft, weißer Pfeffer,
1 Prise Zucker, 1 Dose kleine
Champignons (280 g), 1 Eßlöffel Kapern,
3-4 Eßlöffel Sahne oder 2 Eßlöffel
Crème fraîche

1 Zwiebel abziehen und mit Nelken und Lorbeerblatt spicken. Mit dem kräftig gesalzenen Wasser aufkochen.

2 Das Putenfleisch einlegen und zugedeckt bei milder Hitze ca. 30 Minuten kochen. Das Fleisch aus dem Sud nehmen und diesen durchsieben.

3 Butter oder Margarine erhitzen und das Mehl darin hell anschwitzen. Mit dem Sud ablöschen und ca. 10 Minuten köcheln lassen.

4 Das Fleisch in Streifen schneiden. Die Champignons abtropfen lassen.

5 Die Sauce mit Zitronensaft, Salz, Pfeffer und Zucker abschmecken. Champignons, Kapern und Fleisch hineingeben, alles noch mal erhitzen.

6 Das Gulasch mit Sahne oder Crème fraîche verfeinern.

***

Zigeunergulasch

1 rote Paprikaschote, 2 grüne Paprikaschoten,
4 Zwiebeln, 2–3 Eßlöffel Öl,
500 g Rindergulasch, 1 Eßlöffel Paprika-
pulver edelsüß, ½ Liter kräftige
Fleischbrühe, Salz, schwarzer Pfeffer,
2 Eßlöffel Tomatenmark, 1 Teelöffel Kräuter
der Provence, einige Spritzer Tabasco

1 Paprikaschoten waschen, halbieren, von Samensträngen und Kernen befreien und die Hälften in Viertel teilen. Zwiebeln abziehen und würfeln.

2 Öl in einem Topf erhitzen und das Gulasch darin kräftig anbraten. Zwiebeln und Paprika zufügen. Paprikapulver einrühren.

3 Alles mit dem Tomatenmark vermischen und die Brühe zufügen. Mit Salz, Pfeffer und den provencalischen Kräutern würzen und zugedeckt bei milder Hitze 90 Minuten schmoren.

4 Das Gulasch mit Tabasco pikant abschmecken. Nach Belieben mit etwas saurer Sahne oder in Wasser angerührtem Mehl binden.

***

Gulasch „Hawaii“

500 g Rinder- oder Schweinegulasch,
2–3 Eßlöffel Öl, 1 Zwiebel,
3 Teelöffel Curry, 20 g Mehl,
½ Liter Brühe, Salz, Pfeffer, Zitronensaft,
1 Eßlöffel trockener Sherry (Fino),
½ Dose Aprikosen (200 g),
50 g Mandelblättchen, 3 Eßlöffel Sahne

1 Das Fleisch in Streifen schneiden. Öl erhitzen, die Fleischstreifen darin scharf anbraten, dann herausnehmen und zur Seite stellen.

2 Geschälte, feingehackte Zwiebel, Curry und Mehl in den Bratensatz geben und darin anschwitzen. Kurz durchrösten lassen und mit der Brühe aufgießen. Aufkochen lassen und mit Salz und Pfeffer abschmecken.

3 Die Fleischstreifen hineingeben und ca. 30 Minuten darin garen.

4 Das Gulasch mit Zitronensaft, Salz und Sherry abschmecken.

5 Die abgetropften, halbierten Aprikosen und die Mandelblättchen hineingeben und alles noch mal erhitzen. Mit der Sahne verfeinern.

Wurstgulasch

3 Zwiebeln, 500 g Kartoffeln,
2–3 rote und grüne Paprikaschoten,
500 g Tomaten, 50 g Butter oder Margarine,
1 ½ Tasse Brühe, 500 g Fleischwurst,
1 Eßlöffel Speisestärke, 3 Eßlöffel saure
Sahne, Salz, Pfeffer

1 Zwiebeln und Kartoffeln schälen und beides in Würfel schneiden. Paprikaschoten waschen, halbieren, von den Samensträngen befreien, die Schoten in Streifen schneiden. Die Tomaten mit kochendem Wasser überbrühen, häuten und in Scheiben schneiden.

2 Butter oder Margarine in einem Topf erhitzen und die Zwiebelwürfel darin glasig braten.

3 Tomatenscheiben und Paprikastreifen zugeben und kurz schmoren lassen.

4 Kartoffelwürfel zufügen, Brühe angießen und alles bei geringer Hitze 20–25 Minuten garen.

5 In der Zwischenzeit die Wursthaut abziehen und in etwa 5 mm dicke Scheiben schneiden.

6 Die Speisestärke mit etwas Wasser anrühren und mit dem Gulasch vermischen. Gulasch aufkochen lassen, die Wurstscheiben hineingeben und heiß werden lassen.

7 Das Wurstgulasch mit saurer Sahne verfeinern und mit Salz und Pfeffer nachwürzen.

nicht gefriergeeignet

Rindfleischstreifen mit Äpfeln

500 g Rinderschmorfleisch,
40 g Butterschmalz oder Kokosfett,
Salz, weißer Pfeffer, 2 Teelöffel Currypulver,
¼ Liter Fleischbrühe, 3 säuerliche Äpfel,
1 Eßlöffel Mehl, ⅛ Liter Sahne,
Zucker, Cayennepfeffer

1 Rindfleisch in schmale Streifen schneiden und in dem heißen Fett kräftig anbraten. Dann erst mit Salz und Pfeffer würzen. Currypulver einrühren.

2 Fleischbrühe angießen und das Fleisch zugedeckt 20 bis 30 Minuten bei milder Hitze schmoren.

3 Äpfel schälen, vierteln, entkernen und in Spalten schneiden. Zu dem Fleisch geben und alles noch 10 Minuten weiter schmoren.

4 Fleisch und Äpfel aus der Sauce heben und in einer vorgewärmten Schüssel warm halten.

5 Mehl und Sahne verquirlen, die Sauce damit binden und etwa 10 Minuten köcheln lassen. Dann mit Zucker und Cayennepfeffer würzen und über die Apfel- und Fleischstücke geben.

nicht gefriergeeignet

Paprikagulasch

3 Zwiebeln, 2 rote Paprikaschoten,
600 g Schweinefleisch, 4 Eßlöffel Öl,
2 Eßlöffel Paprikapulver, ½ Liter
Fleischbrühe, Salz, Pfeffer,
4 Tomaten, 1 Dose Champignons,
1 Eßlöffel Sojasauce, 2–3 Spritzer Tabasco

1 Zwiebeln abziehen und in Würfel schneiden. Paprikaschoten waschen, halbieren, die Samenstränge entfernen und die Schoten in grobe Streifen schneiden.

2 Fleisch würfeln. Öl in einem Topf erhitzen und das Fleisch darin von allen Seiten scharf anbraten.

3 Zwiebelwürfel und Paprikastreifen zufügen, Paprikapulver einrühren, mit Fleischbrühe auffüllen und alles mit Salz und Pfeffer abschmecken. Das Gulasch im geschlossenen Topf 20–30 Minuten schmoren lassen.

4 Die Tomaten waschen und vierteln, die abgetropften Pilze blättrig schneiden. In das fertige Gulasch geben und darin erhitzen. Das Gericht mit Sojasauce und Tabasco pikant würzen und servieren.

nicht gefriergeeignet

TiP

Gulaschsaucen werden besonders pikant, wenn man statt Fleischbrühe durch ein Sieb gedrückte und dick eingekochte Dosentomaten zum Schmoren verwendet.

Rotweingulasch

200 g Zwiebeln, 60 g Butter oder Margarine, 1 kg Rindergulasch, 1–2 Eßlöffel Paprika edelsüß, Salz, schwarzer Pfeffer, ¼ trockener Rotwein, ¼ Liter Fleischbrühe, 250 g frische Champignons

1 Die Zwiebeln abziehen und grobwürfeln. Fett erhitzen und das Gulasch darin kräftig braun anbraten.

2 Zwiebeln zufügen, glasig werden lassen, dann mit Paprika überstäuben und das Paprika unterrühren. Mit etwas Rotwein und Brühe ablöschen.

3 Das Gulasch mit Salz und Pfeffer würzen und zugedeckt bei milder Hitze 1–1 ½ Stunden schmoren. Dabei nach und nach den restlichen Rotwein und die restliche Brühe angießen.

4 Champignons putzen, abspülen, trockentupfen und in Scheiben schneiden. Ca. 20 Minuten vor Ende der Garzeit an das Gulasch geben. Mit Salz und Pfeffer abschmecken.

***

Kesselgulasch

400 g Rindfleisch zum Schmoren, 200 g mageres Schweinefleisch, 200 g Zwiebeln, 2 Knoblauchzehen, 60 g Schmalz, 2 Eßlöffel Paprikapulver edelsüß, 1 Messerspitze gemahlener Kümmel, 1 Messerspitze getrockneter Majoran, ½ Liter kräftige Brühe, 150 g Tomaten, 2 rote Paprikaschoten, 500 g Kartoffeln, Salz, 60 g Mehl, 1 Ei

1 Das Fleisch kurz abspülen, trockentupfen und in ca. 2 cm große Würfel schneiden. Zwiebeln und Knoblauchzehen abziehen und beides feinhacken.

2 Schmalz erhitzen, Zwiebeln und Knoblauch darin glasig dünsten.

3 Fleischwürfel, Kümmel, Majoran und Paprikapulver zufügen. Die Brühe angießen und alles zugedeckt ca. 1 Stunde schmoren lassen.

4 Tomaten waschen und in Stücke schneiden, Paprikaschoten waschen, halbieren, von den Samensträngen befreien und in Streifen schneiden. Kartoffeln schälen und würfeln.

5 Paprikastreifen, Tomatenstückchen und Kartoffelwürfel zu dem Gulasch geben, alles noch 20 Minuten schmoren lassen. Mit Salz abschmecken.

6 Das Mehl mit dem Ei verkneten. Diesen Teig zwischen den Fingern zerreiben, dabei in kleinen Stücken in das Gulasch geben und 10 Minuten ziehen lassen.

***

Feuriger Gulaschtopf

Hackbällchen:

500 g Hackfleisch (halb und halb), 50 g Semmelbrösel, 1 Ei, Salz, Pfeffer, gehobelter Thymian, 3 Eßlöffel Öl, 4 große Zwiebeln, 2 rote Paprikaschoten, 1 kleine Dose Champignons, ¼ Liter Brühe, ⅛ Liter leichter französischer Rotwein, 10 grüne, gefüllte Oliven, 75 g Sultaninen, 2 Teelöffel Kräuter der Provence, 1 Eßlöffel Speisestärke, ¼ Liter Sahne, Knoblauchpulver, schwarzer Pfeffer

1 Hackfleisch, Semmelbröseln und Ei zu einem Fleischteig vermischen und mit Salz, Pfeffer und Thymian pikant abschmecken. Dann zu walnußgroßen Kugeln formen und in 2 Eßlöffel heißem Öl rundherum braun braten. Zur Seite stellen.

2 Zwiebeln abziehen und würfeln. Paprikaschoten waschen, halbieren, von den Samensträngen befreien und in Streifen schneiden.

3 Champignons abtropfen lassen, blättrig schneiden und zusammen mit den Zwiebelwürfeln und Paprikastreifen in dem restlichen Öl andünsten. Mit der Brühe und dem Wein ablöschen.

4 Die in Scheiben geschnittenen Oliven, die gewaschenen, abgetropften Sultaninen und Kräuter der Provence zufügen und alles noch 5 Minuten köcheln lassen.

5 Hackbällchen zugeben und erhitzen. Speisestärke mit der Sahne verquirlen. Das Gulasch damit binden und einmal aufkochen lassen. Mit Knoblauchpulver, Pfeffer und eventuell noch etwas Salz abschmecken.

nicht gefriergeeignet

Gulasch – bunt gemischt

Pilzgulasch

600 g Putenfleisch, 4 Eßlöffel Öl,
200 g Zwiebeln, 1/8 Liter Weißwein,
1/8 Liter Fleischbrühe, 1 kg gemischte Pilze,
20 g Butter, Pfeffer, Salz,
1/8 Liter Sahne

1 Das Fleisch von eventuellen Sehnen befreien und in 2 cm große Würfel schneiden.

2 Öl in einem Bräter erhitzen und das Fleisch darin kräftig anbraten.

3 Zwiebeln abziehen, in feine Streifen schneiden, zum Fleisch geben und glasig werden lassen.

4 Wein und Brühe angießen und das Gulasch im geschlossenen Bräter etwa 25 Minuten schmoren lassen.

5 Die Pilze putzen, waschen und auf einem Sieb gründlich abtropfen lassen. Große Pilze wenn nötig in Stücke schneiden.

6 Die Pilze in der Butter kurz andünsten, dann zum Gulasch geben. Das Gericht mit Salz und Pfeffer abschmecken und weitere 10 Minuten garen.

7 Die Sahne einrühren, das Gulasch einmal kurz aufkochen lassen und mit Salz und Pfeffer nachwürzen.

***

Italienisches Gulasch

1 Dose geschälte Tomaten (800 g),
3 Zwiebeln, 2 Knoblauchzehen,
4 Eßlöffel Butter oder Margarine,
600 g gemischtes Gulaschfleisch,
1/2 Liter trockener Rotwein, Salz, Pfeffer,
1 Teelöffel italienische Gewürzmischung

1 Die Tomaten durch ein Sieb streichen und im offenen Topf bei starker Hitze um die Hälfte einkochen lassen.

2 Zwiebeln und Knoblauch abziehen und feinhacken. Dann in der heißen Butter oder Margarine glasig braten. Die Fleischwürfel zugeben und unter Rühren 5 Minuten darin anbraten.

3 Die eingekochten Tomaten und die Hälfte des Rotweins zum Fleisch geben. Kräftig mit Salz, Pfeffer und der italienischen Gewürzmischung abschmecken und ca. 15 Minuten köcheln lassen.

4 Dann den restlichen Rotwein zufügen und das Gulasch bei milder Hitze noch 45 Minuten schmoren lassen. Mit Salz und Pfeffer erneut abschmecken, dann servieren.

***

TIP

Wenn Ihr Gulaschfleisch zäh sein sollte, geben Sie einfach einen kräftigen Schuß Kümmelschnaps oder Wodka an das Gericht. Der Alkohol verflüchtigt sich, aber vorher macht er das Fleisch zart und hebt das Aroma.

Putengulasch auf indische Art

750 g Putenfleisch, 4 Eßlöffel Öl,
100 g Perlzwiebeln, 1 kleine Dose
Pfirsiche (400 g), 1/4 Liter Fleischbrühe,
4 Eßlöffel Mango-Chutney, Salz,
weißer Pfeffer, Curry,
100 g Mandelblättchen

1 Putenfleisch in mundgerechte Würfel schneiden und in dem heißen Öl eben Farbe nehmen lassen.

2 Perlzwiebeln schälen, dazugeben und kurz anbraten.

3 Pfirsiche abgießen. Pfirsichsaft mit Fleischbrühe und Mango-Chutney unter das Fleisch rühren. Mit Salz, Pfeffer und Curry pikant abschmecken und 25 Minuten schmoren.

4 Pfirsiche in schmale Spalten schneiden, zum Gulasch geben und alles noch 5 Minuten ziehen, nicht mehr kochen lassen.

5 Mandelblättchen in einer unbeschichteten Pfanne goldbraun rösten und über das fertige Gulasch streuen.

nicht gefriergeeignet

Die Gemüsezwiebeln abziehen, dann in kochendem Salzwasser 20 Minuten garen. Einen Deckel abschneiden und das Zwiebelinnere bis auf etwa 1 cm mit einem Löffel herauslösen. Das Innere für das Gulasch verwenden.

Von einem großen, runden Bauernbrot mit einem scharfen Messer einen Deckel abschneiden. Die Brotkrume mit einem Messer lösen, dann mit einem Löffel herausheben. Brotkrume trocknen lassen, im Mixer zerkleinern und für Frikadellen oder Hackbraten verwenden.

Wirsing von den äußeren harten Blättern befreien. Strunk so tief wie möglich abschneiden. Den Kohl in reichlich Salzwasser etwa 30 Minuten kochen lassen. Einen Deckel abschneiden und das Kohlinnere herauslösen. Den Kohl mit Gulasch füllen. Das Kohlinnere für das Gulasch oder einen Eintopf verwenden.

Rindergulasch im Kohl

500 g Rindfleisch aus der Keule,
3 mittelgroße Zwiebeln, 50 g Schmalz,
2 Eßlöffel Paprikapulver, 3/4 Liter Brühe,
1 Teelöffel gerebelter Thymian,
1/2 Teelöffel gemahlener Kümmel, Salz,
Pfeffer, 250 g Wirsingkohl,
2–3 Kartoffeln, 2 rote Paprikaschoten

1 Fleisch kurz abspülen, trockentupfen und in kleine Würfel schneiden. Zusammen mit den abgezogenen, in Scheiben geschnittenen Zwiebeln in dem Schmalz anbraten.

2 Das Paprikapulver einrühren und 1/3 der Brühe angießen. Thymian und Kümmel zufügen.

3 Gulasch mit Salz und Pfeffer würzen, zugedeckt 45 Minuten schmoren.

4 Das Wirsingkohlinnere (siehe oben) in Streifen schneiden.

5 Paprikaschoten waschen, halbieren, von den Samensträngen befreien und in Streifen schneiden.

6 Kohl- und Paprikastreifen mit der restlichen Fleischbrühe zum Fleisch geben und alles noch ca. 30 Minuten garen. Dann den Kohl mit dem Gulasch füllen.

✱✱✱ *ohne Kohl*

Gulasch in Zwiebeln

500 g Rindfleisch, 250 g Schweinefleisch,
40 g Schweineschmalz, 2 Eßlöffel
Paprikapulver, Salz, schwarzer Pfeffer,
1/2 Liter Brühe, 4 große Gemüsezwiebeln,
400 g Tomaten, 2 grüne Paprikaschoten,
1 Eßlöffel Tomaten-Ketchup,
einige Spritzer Tabascosauce

1 Fleisch kurz abspülen, trockentupfen und in kleine Würfel schneiden. In dem heißen Schweineschmalz anbraten. Mit Paprika bestäuben und das Paprikapulver kurz andünsten.

2 Gulasch mit Salz und Pfeffer würzen und mit Brühe auffüllen. Zugedeckt 90 Minuten schmoren lassen.

3 Gemüsezwiebeln wie oben beschrieben vorbereiten. Das Innere grobhacken.

4 Tomaten überbrühen, häuten, vierteln und entkernen. Paprikaschoten waschen, halbieren, von den Samensträngen befreien und ebenso wie die Tomatenviertel in Streifen schneiden. 20 Minuten vor Ende der Garzeit Zwiebelwürfel, Tomaten und Paprika zufügen.

5 Das fertige Gulasch mit Ketchup verrühren, sehr pikant mit Tabasco abschmecken und in die Zwiebeln füllen.

*** *ohne Zwiebeln*

Szegediner Gulasch

400 g Schweinefleisch (Nacken), 4 Zwiebeln, 2 Knoblauchzehen, 50 g Butter oder Margarine, 2 Eßlöffel Paprikapulver, 1 Teelöffel Kümmel, Salz, 500 g Sauerkraut aus der Dose, 1 Teelöffel Zucker, 1 Eßlöffel Tomatenmark, 1/8 Liter saure Sahne oder Crème fraîche, 1 Bauernbrot

1 Fleisch kurz abspülen, trockentupfen und würfeln. Zwiebeln abziehen, in Ringe schneiden, Knoblauch schälen und feinhacken. Beides in dem heißen Fett goldgelb anbraten. Fleisch zugeben und Farbe nehmen lassen. Paprika darüberstäuben und unterrühren.

2 Etwas kaltes Wasser angießen, Kümmel zufügen und alles salzen, dann ca. 40 Minuten schmoren lassen.

3 Wenn das Fleisch fast weich ist, Sauerkraut, Zucker und Tomatenmark zufügen. Noch 15 Minuten schmoren lassen.

4 Das fertige Gulasch mit der Sahne verrühren, abschmecken und in dem Brot (siehe links oben) servieren.

*** *ohne Brot*

Gefüllte Gemüsezwiebeln

4 Gemüsezwiebeln, 100 g gekochter Schinken, 1 Dose Champignons, 150 g sehr kleine Tomaten, 300 g Hackfleisch, Salz, Pfeffer, Oregano, 1/4 Liter Instantbrühe, 1 Päckchen Tomatensauce, 2 Eßlöffel Crème fraîche

1 Die Gemüsezwiebeln abziehen, im kochendem Salzwasser kurz blanchieren und aushöhlen.

2 Das ausgelöste Zwiebelfleisch mit dem gewürfelten Schinken, den abgetropften, blättrig geschnittenen Pilzen und den gewaschenen, in Scheiben geschnittenen Tomaten zu dem Hackfleisch geben.

3 Alles zu einem Teig vermischen, pikant mit Salz, Pfeffer und Oregano abschmecken und in die ausgehöhlten Gemüsezwiebeln füllen.

4 Zwiebeln in eine feuerfeste Form setzen, mit Brühe angießen. Im vorgeheizten Ofen bei 200 Grad ca. 50 Minuten garen.

5 Die Zwiebeln aus der Form nehmen. Fond mit Saucenpulver und Crème fraîche als Sauce binden.

nicht gefriergeeignet

Gefüllte Auberginen

4 kleine Auberginen, Salz, 2 Paprikaschoten, 1 Zwiebel, 1 Ei, 1 altbackenes Brötchen, 400 g Hackfleisch, Pfeffer, Senf, Tabascosauce, 30 g Butter oder Margarine

1 Gewaschene, halbierte und entkernte Auberginen in kochendem Salzwasser 10 Minuten vorgaren.

2 Nebenher die Paprikaschoten waschen, von den Samensträngen befreien und in Streifen schneiden.

3 Zwiebel abziehen, feinhacken, mit Ei und eingeweichtem, gut ausgedrücktem Brötchen zum Hackfleisch geben und alles vermischen.

4 Den Teig pikant mit Salz, Pfeffer, Senf und Tabascosauce abschmecken, zu Bällchen formen und im heißen Fett braun braten. Paprikastreifen zufügen.

5 Hackfleischbällchen und Paprikastreifen in die abgetropften Auberginenhälften geben und servieren.

nicht gefriergeeignet

Hackfleisch für Kreative

Rotkohlrouladen

1 mittelgroßer Rotkohl, Salz,
1 altbackenes Brötchen, 1 Zwiebel,
100 g Pistazien, 400 g Rinderhack,
Pfeffer, Cayennepfeffer, 50 g Bratfett,
¼ Liter heiße Fleischbrühe, 1 kleiner Becher
Sahne (100 g), 1 Teelöffel Senf

1 Abgelöste Rotkohlblätter in kochendem Salzwasser blanchieren, abschrecken, abtropfen lassen und auf der Arbeitsfläche ausbreiten.

2 Eingeweichtes, ausgedrücktes Brötchen, fein gehackte Zwiebel und Pistazien unter das Rindfleisch mischen. Mit Salz, Pfeffer und Cayennepfeffer würzen, auf die Rotkohlblätter streichen und diese zu Rouladen zusammendrehen.

3 In dem erhitzten Bratfett rundherum anbraten. Dann mit etwas Fleischbrühe ablöschen und zugedeckt etwa 40 Minuten schmoren lassen. Dabei nach und nach die restliche, heiße Fleischbrühe angießen. Die Rouladen herausnehmen und warm stellen.

4 Den Schmorfond mit der Sahne verrühren und bei starker Hitze um etwa die Hälfte einkochen lassen. Mit Senf und Salz abschmecken. Getrennt zu den Rouladen reichen.

***

Gefüllter Chinakohl

2 Zwiebeln, 1 großes Ei, 400 g Hackfleisch,
Salz, Pfeffer, Paprikapulver,
1 großer Chinakohl, 1 Eßlöffel Öl

1 Geschälte Zwiebeln hacken, mit dem Ei unter das Hackfleisch mischen. Mit Salz, Pfeffer und Paprika pikant würzen.

2 Vom Chinakohl den Strunk abschneiden, die Blätter auseinanderdrücken, Kohl waschen.

3 Hackfleischmasse zwischen die Blätter drücken. Kohl in ein gefettetes Stück Alufolie wickeln und im vorgeheizten Backofen bei 180 Grad ca. 90 Minuten garen.

nicht gefriergeeignet

Hackfleischpastete

750 g gemischtes Hackfleisch,
1 große Zwiebel, 2 Eier, 2 Eßlöffel
Semmelbrösel, 1 Teelöffel scharfer Senf,
Salz, Pfeffer, Paprikapulver, gerebelter
Thymian, 200 g Möhren, 150 g Zucchini,
150 g Weißkohl, 20 g Butter oder Margarine,
geriebene Muskatnuß

1 Hackfleisch in eine Schüssel geben. Die geschälten, feingehackten Zwiebeln, Eier, Semmelbrösel und den Senf zufügen und alles zu einem geschmeidigen Teig verkneten. Mit Salz, Pfeffer, Paprika und Thymian abschmecken.

2 Möhren schaben und in dünne Scheiben schneiden. Zucchini und Weißkohl waschen, dann in Streifen schneiden. Alles in Butter oder Margarine unter Rühren etwa 5 Minuten dünsten. Mit Salz, Pfeffer und Muskatnuß abschmecken.

3 Eine kleine Pastetenform einfetten, mit Hackfleisch beginnend alle Zutaten lagenweise einschichten. Den Abschluß sollte Hackfleisch bilden.

4 Die Pastete im vorgeheizten Backofen bei 200 Grad ca. 40 Minuten garen. In der Form servieren.

***

Mit Früchten gefüllter Hackbraten

500 g Hackfleisch, 1 altbackenes Brötchen,
2 Eier, 4 Eßlöffel Semmelbrösel,
50 g Rosinen, Salz, Pfeffer, Paprikapulver,
1 säuerlicher Apfel,
2 Scheiben Ananas (aus der Dose)

Sauce:

1/4 Liter Wasser, 3 Eßlöffel Fleischsauce,
6 Eßlöffel Ananassaft, Tabascosauce

1 Hackfleisch in eine Schüssel geben. Das eingeweichte und ausgedrückte Brötchen, Eier, Semmelbrösel und Rosinen untermischen. Alles mit Salz, Pfeffer und Paprika abschmecken.

2 Äpfel schälen, vierteln, entkernen und in dünne Spalten schneiden. Ananasscheiben kleinwürfeln.

3 In eine gefettete Auflaufform die Hälfte des Fleischteiges geben, darauf das Obst und darüber den restlichen Fleischteig geben. Bei 200 Grad ca. 1 Stunde im Backofen garen.

4 Dann den Braten aus der Form nehmen und warm stellen. Den Bratensatz mit heißem Wasser loskochen, mit Fleischsauce und Ananassaft vermischen und mit Salz, Pfeffer und Tabasco scharf abschmecken.

***

Schwedischer Hackbraten

1 Brötchen, 250 g Backpflaumen,
2 Eier, 3 Eßlöffel Semmelbrösel,
Salz, Pfeffer, 500 g Hackfleisch,
250 g Frühstücksspeck

Sauce:

1/4 Liter Wasser, 1 Päckchen Schweinebraten-Sauce, 2 Eßlöffel Preiselbeergelee,
1 Eßlöffel scharfer Senf

1 Brötchen und Backpflaumen etwa 1 Stunde in wenig Wasser einweichen. Brötchen ausdrücken. Backpflaumen kleinschneiden. Dabei die Kerne entfernen.

2 Beides mit Eiern und Semmelbröseln unter das Hackfleisch mischen. Pikant mit Salz und Pfeffer abschmecken.

3 Auf ein Backblech oder in eine feuerfeste Form eine Lage Speckstreifen legen. Das Hackfleisch mit angefeuchteten Händen zu einem Braten formen und auf den Speck legen.

4 Das Fleisch mit den restlichen Speckstreifen abdecken und im vorgeheizten Backofen bei 200 Grad ca. 1 Stunde braten.

5 Den Braten auf eine vorgewärmte Platte setzen und warm stellen.

6 Den Bratensatz mit heißem Wasser loskochen.

7 Das nach Packungsaufschrift vorbereitete Saucenpulver damit verrühren. Die Sauce aufkochen und mit Preiselbeergelee und Senf süß-sauer abschmecken.

***

(Die fertige Sauce kann nicht eingefroren werden. aber der losgekochte Bratensatz)

Hackfleischpfanne

1 Tasse Reis, 2–3 Knoblauchzehen,
2 Zwiebeln, Salz, 1 große rote Paprikaschote,
1 große grüne Paprikaschote,
375 g Hackfleisch, Pfeffer,
1 kleine Dose Erbsen, 1 kleine Dose Mais,
1 Dose geschälte Tomaten

1 Reis ca. 15 Minuten im Salzwasser garen.

2 Knoblauchzehen und Zwiebeln abziehen, Knoblauchzehen mit Salz zerdrücken, Zwiebeln feinhacken.

3 Paprikaschoten waschen, halbieren, von den Samensträngen befreien und in Streifen schneiden.

4 Hackfleisch mit zerdrücktem Knoblauch und Zwiebelstückchen vermischen und in einer ungefetteten Pfanne anbraten. Dabei mit der Gabel kleinbröckeln, salzen und pfeffern.

5 Paprikastreifen zum Hackfleisch geben und ca. 10–15 Minuten mitschmoren lassen.

6 Dann die abgetropften Erbsen, den Mais, die Tomaten samt ihrer Flüssigkeit sowie den fast garen Reis zugeben. Das Ganze kurz aufkochen lassen und pikant abschmecken.

nicht gefriergeeignet

Hackfleisch-Kartoffel-Pfanne

2 Zwiebeln, 500 g Pellkartoffeln,
4 Tomaten, 60 g Butter oder Margarine,
375 g Hackfleisch, Salz, Pfeffer,
Paprikapulver, Thymian, Knoblauchsalz,
½ Tasse Brühe, 4 Eier

1 Die abgezogenen Zwiebeln in Ringe, die gepellten Kartoffeln in Scheiben und die Tomaten in Achtel schneiden.

2 20 g Butter oder Margarine erhitzen, Hackfleisch darin anbraten, dabei mit der Gabel kleinbröckeln, salzen und pfeffern.

3 Zwiebelringe zugeben und 5 Min. mitbraten. Brühe angießen und alles kurz durchschmoren lassen.

4 Kartoffelscheiben und Tomatenachtel zufügen, 5 Minuten erhitzen. Mit Salz und Pfeffer nachwürzen.

5 Restliche Butter oder Margarine erhitzen und vier Spiegeleier darin braten. Anschließend auf der Hackfleischpfanne anrichten und servieren.

nicht gefriergeeignet

Mexikanische Hackfleischpfanne

4 Zwiebeln, 2 Knoblauchzehen, Salz,
2 Äpfel, Saft von 1 Zitrone,
2 eingelegte Peperoni, 4 große Tomaten,
4 Eßlöffel Öl, 375 g Hackfleisch,
Pfeffer, 10 mit Paprika gefüllte Oliven,
1 Prise Zimt, Curry

1 Zwiebeln und Knoblauchzehen abziehen. Zwiebeln feinhacken und Knoblauchzehen mit Salz zerdrücken.

2 Äpfel schälen, halbieren, vom Kerngehäuse befreien und würfeln. Mit Zitronensaft beträufeln. Peperoni in Stücke schneiden. Tomaten überbrühen, häuten und in Achtel schneiden.

3 Öl erhitzen und das mit Knoblauch und Zwiebelstückchen vermischte Hackfleisch ca. 5 Minuten braten, salzen und pfeffern. Apfelwürfel, Peperonistückchen, Tomatenachtel und Oliven zufügen. Im geschlossenen Topf ca. 20 Minuten schmoren lassen.

4 Mit Zimt, Curry, Salz und Pfeffer abschmecken und servieren.

nicht gefriergeeignet

Überbackene Hackfleischpfanne

2 Zwiebeln, 2 Knoblauchzehen, Salz,
200 g Möhren, 2 Eßlöffel Öl,
400 g Rinderhack, Pfeffer, 1 Lorbeerblatt,
⅛ Liter Rotwein, 150 g Knoblauchwurst,
150 g geriebener mittelalter Gouda

1 Zwiebeln und Knoblauchzehen abziehen. Zwiebeln feinhacken, Knoblauchzehen mit Salz zerdrücken. Möhren schälen und in Würfel schneiden. Alles in dem heißen Öl anbraten, bis die Zwiebeln glasig sind.

2 Hackfleisch zufügen, anbraten, salzen und pfeffern. Lorbeerblatt zufügen, Wein angießen und aufkochen lassen.

3 Die Hackfleischmasse dann in eine flache Form streichen, mit der in dünne Scheiben geschnittenen Wurst belegen. Im vorgeheizten Backofen bei 200 Grad ca. 20 Minuten backen. Ca. 10 Minuten vor Ende der Garzeit mit geriebenem Käse bestreuen.

nicht gefriergeeignet

Überbackene Frikadellen

1 Zwiebel, 1 Ei, 3 Eßlöffel Semmelbrösel,
400 g Hackfleisch, Salz, Pfeffer,
Knoblauchpulver, Paprikapulver,
40 g Butter oder Margarine,
4 Pfirsichhälften aus der Dose,
80 g geriebener mittelalter Gouda

1 Zwiebel abziehen, in feine Würfel schneiden, mit Ei und Semmelbrösel unter das Hackfleisch mischen. Mit Salz, Pfeffer, Knoblauch- und Paprikapulver pikant abschmecken. Aus dem Teig vier große Frikadellen formen.

2 Butter oder Margarine erhitzen und die Frikadellen darin ca. 8 Minuten braten.

3 Anschließend jeweils mit einer Pfirsichhälfte belegen und mit geriebenem Käse bestreuen. Ca. 3 Minuten im vorgeheizten Backofen bei 250 Grad überbacken, dann zusammen mit Kroketten und Salat servieren.

nicht gefriergeeignet

TIP

Frikadellen nur bei mäßiger Hitze langsam braten, so daß sie außen braun, aber innen auch gar werden. Braten Frikadellen zu schnell, dann platzen sie.

Frikadellen mit Rote Bete

1 Zwiebel, 1 Ei, 3 Eßlöffel Semmelbrösel,
400 g Hackfleisch, Salz, Pfeffer,
Knoblauchpulver, Paprikapulver,
40 g Butter oder Margarine,
1 kleines Glas rote Bete,
2 Eßlöffel gehackte Petersilie,
1 Schachtel Camembert

1 Zwiebel abziehen, in feine Würfel schneiden und mit Ei und Paniermehl unter das Hackfleisch kneten. Den Teig pikant mit Salz, Pfeffer, Knoblauch- und Paprikapulver abschmecken. Vier Frikadellen formen.

2 Butter oder Margarine erhitzen, Frikadellen darin ca. 8 Minuten braten.

3 Anschließend jeweils mit rote Bete belegen und Petersilie bestreuen. Camembert in Scheiben schneiden, auf die Frikadellen verteilen und im vorgeheizten Backofen bei 200 Grad etwa 5 Minuten überbacken, bis der Käse zerlaufen ist.

nicht gefriergeeignet

Frikadellen mit Paprikaschoten

1 Zwiebel, 1 Ei, 3 Eßlöffel Semmelbrösel,
400 g Hackfleisch, Salz, Pfeffer,
Knoblauchpulver, Paprikapulver,
40 g Butter oder Margarine,
1 kleine rote Paprikaschote, 100 g Schafskäse

1 Zwiebel abziehen, in feine Würfel schneiden, mit Ei und Semmelbrösel unter das Hackfleisch kneten. Den Teig mit Salz, Pfeffer, Knoblauchpulver und Paprikapulver abschmecken. Zu vier Frikadellen formen.

2 Butter oder Margarine erhitzen, Frikadellen darin ca. 8 Minuten braten.

3 Die Paprikaschoten waschen, halbieren, von den Samensträngen befreien und in Streifen schneiden.

4 Anschließend die Frikadellen damit belegen und mit Käse bestreuen. Im vorgeheizten Backofen bei 220 Grad ca. 3 Minuten überbacken.

nicht gefriergeeignet

Frikadellen mit Radieschen und Champignons

1 Zwiebel, 1 Ei, 3 Eßlöffel Semmelbrösel,
400 g Hackfleisch, Salz, Pfeffer,
Knoblauchpulver, Paprikapulver,
40 g Butter oder Margarine,
1 Bund Radieschen, 50 g Champignons,
80 g geriebener mittelalter Gouda

1 Zwiebel abziehen, in feine Würfel schneiden, mit Ei und Semmelbrösel unter das Hackfleisch kneten. Den Teig pikant mit Salz, Pfeffer, Knoblauchpulver und Paprikapulver abschmecken. Zu vier Frikadellen formen.

2 Butter oder Margarine erhitzen und die Frikadellen darin ca. 8 Minuten braten.

3 Radieschen putzen, waschen und in Scheiben schneiden. Champignons putzen, waschen und blättrig schneiden.

4 Die Frikadellen mit Radieschenscheiben und Champignons belegen und mit Käse bestreuen. Im vorgeheizten Backofen bei 220 Grad ca. 3 Minuten überbacken.

nicht gefriergeeignet

Gefüllte Hackfleischrolle

1 kg Hackfleisch, 2 altbackene Brötchen,
4 Eier, 2 Eßlöffel Semmelbrösel,
4 Zwiebeln, 1 Eßlöffel Senf,
2 Eßlöffel Meerrettich, 3 Knoblauchzehen,
Salz, Pfeffer, Paprikapulver

1 Hackfleisch mit eingeweichten und ausgedrückten Brötchen, Eiern, Semmelbröseln, feingehackter Zwiebel, Senf, Meerrettich und geschälten, zerdrückten Knoblauchzehen vermischen und pikant mit Salz, Pfeffer und Paprikapulver abschmecken.

2 Ein Backblech gut einfetten oder mit Backpapier belegen. (Man kann auch Speckscheiben auf das Blech legen.)

3 Fleischteig zwischen zwei Stücke Klarsichtfolie ausrollen, mit einer beliebigen Füllung (Rezepte nachstehend) bestreichen, aufrollen und auf das Blech legen.

4 Fleischrolle im vorgeheizten Backofen bei 175 Grad ca. 45 Minuten braten.

*** *je nach Füllung*

Bunte Gemüsemischung

Je 2 rote und grüne Paprikaschoten,
1 kleiner Blumenkohl, 250 g Möhren,
1 kleines Glas Maiskölbchen,
1 Eßlöffel Kapern,
60 g Butter oder Margarine,
¼ Liter Fleischbrühe,
1 kleiner Becher Crème fraîche (100 g)

1 Paprikaschoten waschen, halbieren, von den Samensträngen befreien und in Streifen schneiden. Blumenkohl in Röschen teilen.

2 Möhren schälen und in Scheiben schneiden. Maiskölbchen und Kapern abtropfen lassen.

3 Butter oder Margarine in einer Kasserolle schmelzen, das Gemüse hineingeben und kurz andünsten.

4 Fleischbrühe und Crème fraîche dazugeben. Alles 10 Minuten schmoren lassen. Sollte die Flüssigkeit nicht genügend eingekocht sein, mit etwas angerührtem Mehl binden. Die Gemüsemischung auf das Fleisch geben.

***

Zucchini-Füllung

1 kg Zucchini, 60 g Butter oder Margarine,
¼ Liter Fleischbrühe, ¼ Liter Milch,
50 g Mehl, 125 g Sahne-Schmelzkäse,
2 Eßlöffel feingehackter Dill, Salz

1 Zucchini waschen, dann in Scheiben und diese in Streifen schneiden.

2 Butter in einer Kasserolle schmelzen, Zucchini 5 Minuten darin andünsten.

3 Fleischbrühe und Milch angießen mit dem in etwas Wasser angerührten Mehl binden. Den Käse in der Gemüsemischung schmelzen lassen. Alles mit Dill vermischen und mit Salz würzen.

4 Diese Masse auf den Fleischteig geben und diesen aufrollen.

***

Sauerkraut-Füllung

30 g Schweineschmalz, 1 Dose Sauerkraut
oder 750 g loses Sauerkraut, 1 große Zwiebel,
2 große Äpfel, 3 Lorbeerblätter,
½ Liter Apfelwein,
1 Eßlöffel Wacholderbeeren, 1 große Kartoffel

1 Schweineschmalz in einer Kasserolle auslassen, Sauerkraut hineingeben.

2 Zwiebel und Äpfel schälen, kleinschneiden und mit Lorbeerblättern, Apfelwein und Wacholderbeeren zu dem Sauerkraut geben. Das Kraut mit Salz, Pfeffer und Zucker würzen und 40 Minuten zugedeckt garen.

3 Sauerkraut mit einer roh geriebenen Kartoffel binden und auf das Fleisch streichen.

nicht gefriergeeignet

Rindfleischsülze

1 Bund Suppengrün,
1 Stange Bleichsellerie,
400 g mageres Rindfleisch,
½ Liter Brühe,
6 Eßlöffel Estragonessig,
Salz, Pfeffer,
12 Blatt Gelatine,
¼ Liter Wasser,
1 Bund Frühlingszwiebeln,
4 kleine Möhren,
100 g Blumenkohl,
2 hartgekochte Eier

1 Suppengrün und Sellerie putzen, waschen und mit dem Rindfleisch in der mit Essig, Salz und Pfeffer gewürzten Brühe garen.

2 Fleisch herausnehmen, erkalten lassen und in Streifen schneiden. Die Brühe gründlich entfetten.

3 Gelatine nach Vorschrift einweichen, ausdrücken und in der durchgeseihten, warmen Brühe auflösen.

4 Frühlingszwiebeln, Möhren und Blumenkohl putzen. Möhren in dünne Stifte schneiden, Blumenkohl in Röschen teilen und beides mit den Frühlingszwiebeln im kochenden Salzwasser ca. 8 Minuten garen.

5 Eine kalt ausgespülte Kastenform mit etwas Gelierflüssigkeit ausgießen und diese als Spiegel erstarren lassen. Die Hälfte der Fleischstreifen, Eischeiben, Frühlingszwiebeln, Blumenkohlröschen und Möhrenstifte auf dem Spiegel anrichten. Mit etwas Gelierflüssigkeit übergießen und diese wiederum fest werden lassen.

6 Auf dem zweiten Spiegel das restliche Gemüse, das übrige Fleisch und die Eischeiben anrichten. Mit der noch

Dekorative Fleischsülzen

vorhandenen Gelierflüssigkeit übergießen und die Sülze im Kühlschrank erstarren lassen.

7 Unmittelbar vor dem Servieren die Form kurz in heißes Wasser tauchen, die Sülze dann auf eine Servierplatte stürzen.

Dazu kann man eine Schnittlauchsauce oder eine nicht zu stark gewürzte Remoulade reichen. Bratkartoffeln schmecken als Beilage besonders gut.

nicht gefriergeeignet

Variation: Statt wie beschrieben kann man die Sülze auch anders „aufbauen" und zwar, indem man auf den ersten Spiegel zuerst einige Frühlingszwiebeln und Fleischstreifen anrichtet. Auf den zweiten Spiegel gibt man dann die ganzen, geschälten Eier und umlegt sie mit dem noch übrigen Gemüse und den Fleischstreifen. Darüber wird dann die restliche Gelierflüssigkeit gegossen.

TIP

Die Gelierflüssigkeit für Sülzen ist meist eine Brühe. Man kann diese Grundlage aus Knochen, Kalbsfüßen, Sehnen und Schwarten bereiten, die soviel Gelatine enthalten, daß die Sülze ohne weitere Zusätze fest wird. Die Methode ist aber sehr zeit- und arbeitsintensiv. Schneller geht es, wenn man eine einfache Kochbrühe (in der z.B. das Fleisch für die Sülze gegart wurde) mit Blattgelatine oder Gelatinepulver vermischt. Damit die Sülze aber wirklich steif wird, muß die Brühe absolut fettfrei sein. Dazu läßt man die Brühe am besten erkalten und hebt das erstarrte Fett dann ab.

Je klarer das Gelee, umso dekorativer ist die Sülze. Darum wird die Brühe vor der Weiterverwendung „geklärt". Dazu vermischt man die entfettete Brühe in einem Topf mit einem Eiweiß und läßt diese Mischung unter ständigem Schlagen mit dem Schneebesen einmal aufkochen. Das Eiweiß gerinnt und nimmt alle Trübstoffe in sich auf. Das Eiweiß wird mit einem Schaumlöffel abgehoben, dann gießt man die Brühe durch ein mit einem Seihtuch ausgelegtes Sieb.

Für ½ Liter Flüssigkeit rechnet man im allgemeinen 6 Blatt Gelatine oder 1 Päckchen Pulvergelatine. Soll die Sülze aber sehr fest werden, nimmt man 8 Blatt oder 1⅓ Päckchen.

Gelatine hat zwar keinen Eigengeschmack, sie mildert aber den Geschmack von Salz, Gewürzen und Säure. Darum muß die Brühe für eine Sülze auch immer besonders kräftig abgeschmeckt werden.

Eine beliebige Form mit kaltem Wasser ausspülen. Dann etwa 1 cm hoch Gelierflüssigkeit hineingießen und diesen Spiegel im Kühlschrank fest werden lassen.

Gemüse, Eischeiben, Fleischstücke oder Obststücke vorbereiten. Auf dem Spiegel anrichten, mit Gelierflüssigkeit begießen. In den Kühlschrank stellen, fest werden lassen.

Die restlichen Sülzzutaten verteilen, mit der übrigen Gelierflüssigkeit begießen. Sülze mindestens 3 Stunden in den Kühlschrank stellen, erst unmittelbar vor dem Servieren stürzen.

Dekorative Fleischsülzen

Gemüse-Schinken-Sülze

4 Möhren, 1 rote Paprikaschote, 100 g Blumenkohlröschen, 100 g Spargel aus der Dose, 100 g Champignons aus der Dose, 50 g Mais aus der Dose, 100 g Erbsen aus der Dose, 12 Blatt Gelatine, ¼ Liter Wasser, ½ Liter Brühe, 2 Eßlöffel Essig, 4 Eßlöffel Tomatenmark, Worcestersauce, Tabasco, 1 Prise Zucker, ½ Teelöffel Pfeffer, 200 g gekochter Schinken

1 Möhren und Paprikaschote waschen und putzen.

2 Möhren in Scheiben, Paprikaschote in Streifen schneiden und 10 Minuten in kochendem Wasser mit den Blumenkohlröschen garen.

3 Spargel in Stücke, Champignons in Scheiben schneiden. Mais und Erbsen abtropfen lassen.

4 Die Gelatine in Wasser einweichen und 5 Minuten quellen lassen.

5 Die Brühe zum Kochen bringen, mit Essig, Tomatenmark, Worcestersauce, Tabasco, Zucker, Salz und Pfeffer abschmecken und die gequollene Gelatine darin auflösen.

6 Eine kalt ausgespülte Form mit Gelierflüssigkeit ausgießen und fest werden lassen.

7 Aus Gemüse und Schinkenröllchen ein Muster in die Form legen und mit etwas Gelierflüssigkeit übergießen, erstarren lassen.

8 Restliche Zutaten mit der übrigen Gelierflüssigkeit daraufgeben und im Kühlschrank fest werden lassen.

9 Vor dem Servieren auf eine Platte stürzen.

nicht gefriergeeignet

Sülzkoteletts

4 Koteletts à 125 g, 1 Bund Suppengrün, Salz, Pfeffer, Essig, 250–300 g Mixed Pickles, 16 Blatt Gelatine, Salatblätter

1 Koteletts in einen kleinen Topf geben und mit 4 Tassen kochendem Wasser übergießen.

2 Das geputzte Suppengrün hinzufügen und die Flüssigkeit mit Salz und Pfeffer würzen.

3 Die Koteletts bei geringer Hitze weichkochen.

4 Die Gelatine in kaltem Wasser einweichen und ca. 5 Minuten quellen lassen.

5 Die weichgekochten Koteletts aus der Brühe nehmen und diese durchseihen.

6 Die Brühe mit Wasser oder Fleischbrühe auf 1 Liter auffüllen, mit Salz, Pfeffer und Essig abschmecken und die gequollene Gelatine darin auflösen.

7 Einen Teil der Sülzflüssigkeit in 4 kleine, flache Schüsseln oder Sülzkotelettformen gießen und im Kühlschrank erstarren lassen.

8 Auf diese erstarrte Schicht jeweils die Koteletts legen, mit Mixed Pickles verzieren und mit der restlichen Sülzflüssigkeit übergießen.

9 Dann die Sülze im Kühlschrank ganz fest werden lassen.

10 Zum Servieren auf eine mit Salatblättern belegte Platte stürzen.

nicht gefriergeeignet

Dekorative Fleischsülzen

Bäuerliche Tellersülze

500 g Bratwurstmasse,
50 g Fett zum Braten, 2 Tomaten,
4 Maiskölbchen, ½ Liter entfettete Fleischbrühe, 1/16 Liter trockener Sherry (Fino),
6 Eßlöffel Weinessig, Salz, Pfeffer,
10 Blatt Gelatine

1 Bratwurstmasse zu kleinen Kugeln formen und im heißen Fett rundherum knusprig braun braten. Herausnehmen und auf einer dicken Lage Küchenpapier abfetten.

2 In 4 Teller in die Mitte jeweils 2 Tomatenviertel und 1 abgetropftes Maiskölbchen geben. Die Hackfleischbällchen darumherum anrichten.

3 Brühe mit Sherry, Essig, Salz, Pfeffer abschmecken und mit der nach Vorschrift aufgelösten Gelatine vermischen.

4 Die Geleeflüssigkeit über die Zutaten im Teller gießen und im Kühlschrank 4 Stunden erkalten lassen. In den Tellern servieren.

nicht gefriergeeignet

Champignon-Tellersülze

1 Dose Champignons (280 g),
1 rote Paprikaschote, 400 g in Streifen geschnittenes Bratenfleisch,
Champignonwasser aus der Dose,
⅛ Liter entfettete Hühnerbrühe,
⅛ Liter Apfelwein, Salz, Pfeffer,
Chilipulver, 10 Blatt Gelatine

1 Champignons auf ein Sieb geben, die Pilze abtropfen lassen und die Pilzflüssigkeit auffangen.

2 Paprikaschote waschen, halbieren, von den Samensträngen befreien, mit einem kleinen Plätzchenausstecher Formen ausstechen.

3 Blättrig geschnittene Pilze mit Fleischstreifen und Paprikastücken in 4 Teller verteilen.

4 Champignonwasser, Brühe und Apfelwein vermischen und mit Salz, Pfeffer und Chilipulver pikant abschmecken.

5 Die nach Vorschrift aufgelöste Gelatine untermischen. Diese Flüssigkeit in die Teller gießen und alles im Kühlschrank 4 Stunden stocken lassen. Die Sülze in den Tellern servieren.

nicht gefriergeeignet

Fruchtiger Wurstteller

300 g Bierschinken oder Schinkenwurst, 8 Pfirsichhälften aus der Dose, 4 Erdbeeren, Zitronenmelisse, 8 Blatt Gelatine, 6 Eßlöffel Pfirsichsaft, 4 Eßlöffel Sojasauce, ¼ Liter entfettete Fleischbrühe, 1 Eßlöffel Honig, ½ Teelöffel Sambal œlek, 50 g geröstete Mandelblättchen

1 Die zu Rollen geformten Wurstscheiben zusammen mit je 8 Pfirsichspalten und den halbierten Erdbeeren in 4 Tellern anrichten. Mit Melissezweigen garnieren.

2 Gelatine nach Vorschrift einweichen.

3 Pfirsichsaft, Sojasauce, Brühe, Honig und Sambal œlek vermischen und erwärmen, bis der Honig sich aufgelöst hat. Dann die ausgedrückte Gelatine zufügen und auflösen.

4 Die Gelierflüssigkeit in die Teller gießen, mit gerösteten Mandelblättchen bestreuen und im Kühlschrank 4 Stunden kalt stellen. Gelee in den Tellern servieren.

nicht gefriergeeignet

Festlicher Zungenteller

¼ Liter entfettete Fleischbrühe, ⅛ Liter trockener Wermutwein, Salz, weißer Pfeffer, 2 Eßlöffel Zitronensaft, einige Spritzer Pfeffersauce, 8 Blatt Gelatine, 2 hartgekochte Eier, 2 kleine Gewürzgurken, 300 g Zungenaufschnitt

1 Fleischbrühe und Wermut mischen, leicht erwärmen und mit Salz, Pfeffer, Zitronensaft und Pfeffersauce abschmecken.

2 Gelatine nach Vorschrift einweichen, ausdrücken und in der Brühe auflösen. 4 kleine, tiefe Teller mit einem dünnen Geleespiegel ausgießen und diesen im Kühlschrank fest werden lassen.

3 In der Zwischenzeit die Eier schälen und ebenso wie die abgetropften Gurken in Scheiben schneiden.

4 Zungenscheiben auf dem Spiegel anrichten, mit Ei- und Gurkenscheiben belegen und mit der restlichen Geleemasse übergießen. Im Kühlschrank in etwa 4 Stunden fest werden lassen. In den Tellern servieren.

nicht gefriergeeignet

Frischer Mais-Erbsen-Eintopf

350 g Schweinefleisch, 60 g Fett, 500 g frische Erbsen, 250g Maiskörner aus der Dose, 2 Eßlöffel gehackte Petersilie, Salz, Pfeffer, Paprikapulver, 1 Teelöffel Zucker, je 2 rote ud grüne Paprikaschoten, ½ Liter Instant-Geflügelbrühe

1 Fleisch kleinwürfeln und in einem Topf im heißen Fett unter Wenden 20 Minuten braten.

2 Fleischstücke mit gepahlten Erbsen, abgetropften Maiskörnern und Petersilie mischen. Mit Salz, Pfeffer, Paprika und Zucker würzen.

3 Paprikaschoten waschen, halbieren, von allen Samensträngen befreien und in Streifen schneiden.

4 Alles in eine feuerfeste Form geben. Fleischbrühe angießen und den Eintopf im vorgeheizten Backofen bei 200 Grad 50 Minuten garen.

nicht gefriergeeignet

Bunter Wursttopf

2 Eßlöffel Fett, 3 große Zwiebeln, 500 g Fleischwurst, ½ Liter Fleischbrühe, 400 g Kartoffeln, 1 Paket tiefgekühltes, gemischtes Gemüse, 1 Dose Tomatenmark, Salz, Pfeffer, Paprikapulver

1 Fett in einer Kasserolle erhitzen, kleingeschnittene Zwiebeln und Wurst darin unter Rühren anrösten. Mit Fleischbrühe übergießen.

2 Geschälte, gewürfelte Kartoffeln und das unaufgetaute Gemüse zufügen.

3 Das Tomatenmark einrühren. Den Eintopf mit Salz, Pfeffer und Paprika abschmecken und zugedeckt etwa 20 Minuten sacht kochen lassen.

nicht gefriergeeignet

Grüner Bohneneintopf

500 g grüne Bohnen, Salz, 75 g Fett,
1 Zwiebel, 2 Tomaten,
2 Knoblauchzehen, 200 g gepökelte
Schweinerippe, 50 g Haselnüsse,
¼ Liter Fleischbrühe, Pfeffer

1 Bohnen putzen, waschen, in Stücke brechen und in wenig Salzwasser halbgar kochen.

2 Fett in einem Topf erhitzen. Gewürfelte Zwiebel, abgezogene, geachtelte Tomaten, zerdrückte Knoblauchzehen und in Scheiben geschnittene Schweinerippe hineingeben und anbraten.

3 Die Bohnen mit der Fleischbrühe dazugeben.

4 Mit Salz und Pfeffer würzen und zugedeckt ca. 20 Minuten schmoren lassen.

5 Dann mit Haselnüssen bestreut anrichten.

***

Italienischer Suppeneintopf

200 g durchwachsener, geräucherter Speck,
2 große Zwiebeln, 400 g Schweinefleisch,
2 Eßl. Öl, 1 kleine Dose Sauerkraut (400 g),
1 Liter Fleischbrühe, 1 Dose Tomatenmark,
4 Paprikaschoten, Salz, Pfeffer, Paprikapulver

1 Den feingewürfelten Speck und die geschälten, gehackten Zwiebeln mit dem gewürfelten Fleisch in dem heißen Öl anbraten.

2 Sauerkraut, Brühe und Tomatenmark dazugeben und alles bei geringer Hitze ca. 1 Stunde sacht kochen lassen.

3 Dann gewaschene, von den Samensträngen befreite und in Ringe geschnittene Paprikaschoten dazugeben. Den Eintopf noch 10 Minuten kochen, dann mit Salz, Pfeffer und Paprikapulver abschmecken.

nicht gefriergeeignet

Weißkohltopf mit Kasseler

500 g Kasseler ohne Knochen,
30 g Schmalz oder Margarine,
750 g Weißkohl, Salz, Pfeffer, Kümmel,
400 g Kartoffeln, 1 Stange Porree (Lauch),
250 g tiefgekühlte grüne Bohnen

1 Kasseler in mundgerechte Würfel schneiden. In dem heißen Fett rundherum Farbe nehmen lassen.

2 Weißkohl putzen, hobeln und zufügen. Unter Rühren einige Minuten andünsten. Mit 1 Liter kochendem Wasser aufgießen, mit Salz, Pfeffer und Kümmel würzen. Zugedeckt ca. 1 Stunde kochen lassen.

3 Die geschälten Kartoffeln in Würfel, den geputzten, gewaschenen Porree in Ringe schneiden. Zusammen mit den unaufgetauten Bohnen nach 30 Minuten in den Topf geben.

4 Fertigen Eintopf nachwürzen.

nicht gefriergeeignet

Serbischer Eintopf

3 Zwiebeln, 250 g Möhren,
20 g Butter oder 2 Eßlöffel Öl,
500 g Rindergehacktes, 3/4 Liter Fleischbrühe,
1 kleine Dose geschälte Tomaten,
1 Eßlöffel Tomatenmark, 500 g Sauerkraut aus der Dose, 500 g rote Bohnen aus der Dose,
Salz, Pfeffer, Cayennepfeffer, Tabasco,
Knoblauchpulver

1 Zwiebeln schälen und in Ringe schneiden. Möhren schaben und feinhacken.

2 Fett erhitzen und das Hackfleisch darin anbraten. Zwiebeln und Möhren zufügen. Kurz anbraten.

3 Fleischbrühe, durch ein Sieb gedrückte Tomaten und Tomatenmark einrühren und alles 15 Minuten köcheln lassen.

4 Sauerkraut und abgetropfte Bohnen zufügen und den Eintopf mit Salz, Pfeffer, Cayennepfeffer, Tabasco und Knoblauchpulver sehr scharf abschmekken. Noch 5 Minuten ziehen lassen.

Wer mag, gibt vor dem Servieren etwas saure Sahne an das Gericht.

nicht gefriergeeignet

TiP

Eintopfgerichte sind ideal für die berufstätige Hausfrau. Einmal kann sie ein Gericht gleich in doppelter Menge zubereiten und dann, je nach Zutaten, die eine Hälfte einfrieren. Zum anderen kann sie das Gericht vollständig vorbereiten und mit Hilfe der Zeitschaltautomatik im Backofen oder auf der Platte garen.

Eintöpfe und Aufläufe

Griechischer Auflauf

400 g Auberginen, 200 g Zucchini,
200 g Fleischtomaten,
1 große Gemüsezwiebel,
250 g durchwachsener geräucherter Speck,
8 Eßlöffel Öl, Salz, Pfeffer,
Paprikapulver, 3 Knoblauchzehen,
100 g geriebener Käse, 100 g Semmelbrösel,
5 Eßlöffel Knoblauchöl

1 Auberginen waschen, der Länge nach in Scheiben schneiden, reichlich mit Salz bestreut 30 Minuten stehen lassen.

2 Zucchini waschen und in Scheiben scheiden.

3 Fleischtomaten mit kochendem Wasser überbrühen, häuten und in dünne Scheiben, die geschälte Gemüsezwiebel in Ringe schneiden.

4 Zuerst den Speck, dann die einzelnen Gemüse in dem Öl anbraten und in eine Auflaufschale schichten. Mit Salz, Pfeffer und Paprika würzen, mit dem feingehackten Knoblauch, Semmelbröseln, Käse bestreuen und mit Knoblauchöl beträufeln. Im vorgeheizten Backofen bei 200 Grad 20 Minuten überbacken.

nicht gefriergeeignet

Fenchel-Fleischwurst-Auflauf

750 g Fenchelknollen, Salz,
350 g Fleischwurst mit Knoblauch,
1 große Dose Tomaten (800 g),
2 Gemüsezwiebeln, 5 Eßlöffel Öl,
1 Teelöffel italienische Gewürzmischung,
Salz, Pfeffer, Paprikapulver

1 Die Fenchelknollen putzen, dabei die harten Blattstiele entfernen. Die Knollen längs halbieren.

2 Fenchel in wenig Salzwasser 15 Minuten garen, auf einem Sieb abtropfen lassen. Wurst abziehen und in Scheiben schneiden.

3 Tomaten auf einem Sieb abtropfen lassen, Saft auffangen, Tomaten dann abwechselnd mit den Fenchelknollen und den Wurstscheiben in eine feuerfeste Form schichten.

4 Den abgetropften Tomatensaft mit den feingehackten Gemüsezwiebeln und dem Öl 10 Minuten durchkochen lassen. Sehr kräftig mit der Gewürzmischung, dem Salz und Pfeffer abschmecken. Den Auflauf damit begießen und im vorgeheizten Backofen bei 200 Grad 30 Minuten überbacken.

nicht gefriergeeignet

TIP

Aufläufe sind ideal zur Resteverwertung von Fleisch, Fisch, Gemüse und Teigwaren. Mit pikanten Saucen, z.B. einer Käsesauce, mit Sahne oder Crème fraîche oder dick eingekochten Dosentomaten in eine Form geschichtet, mit einer Eier-Käse-Mischung übergossen, werden sie zu immer neuen, immer interessanten Gerichten.

Schnitzel indische Art

4 Schweineschnitzel, Salz, Pfeffer,
Curry, Chilipulver, Fett zum Braten,
1 Päckchen Curry-Rahmsauce,
200 g blaue und grüne Weintrauben,
2 Scheiben Ananas, 50 g Erdnüsse

1 Schweineschnitzel mit Salz, Pfeffer, Curry, Chilipulver einreiben und im heißen Fett von beiden Seiten braten. Dann warm stellen.

2 Bratfond mit ¼ Liter Wasser loskochen und mit dem Saucenpulver binden.

3 Weintrauben waschen, die Beeren abzupfen, halbieren und entkernen. Abgetropfte Ananas in Stücke teilen. Beides zusammen mit den Erdnüssen in die Sauce geben. Sauce über die Schnitzel geben. Nach Belieben noch mit Kokosraspeln bestreuen.

Statt Schnitzel kann man auch Koteletts verwenden.

nicht gefriergeeignet

Schnitzel mit Fenchel

4 Schweineschnitzel, Salz, Pfeffer,
Paprikapulver, Tabasco, Oregano,
Fett zum Braten, 2 Fenchelknollen,
2 Zwiebeln, 2 Tomaten, 2 Knoblauchzehen

1 Die Schnitzel mit Salz, Pfeffer, Tabasco und Oregano einreiben und im heißen Fett von beiden Seiten braten.

2 In der Zwischenzeit die Fenchelknollen putzen, in Stücke schneiden und in wenig Salzwasser 15 Minuten garen.

3 Die gebratenen Schnitzel aus der Pfanne nehmen und warmstellen. Im verbliebenen Pfannensatz feingehackte Zwiebeln und gehäutete Tomaten 5 Minuten dünsten. Dann die Fenchelknollen dazugeben.

4 Mit zerdrückten Knoblauchzehen und Salz abschmecken und zusammen mit den Schnitzeln anrichten.

Statt Schnitzel kann man auch Koteletts verwenden.

nicht gefriergeeignet

TIP

Das Gericht bekommt eine ganz besondere Note, wenn man die Schnitzel oder Koteletts mit etwas Calvados flambiert, ehe Zwiebeln und Äpfel in die Pfanne gegeben werden.

Kotelett mit Birnen

4 entbeinte Schweinekoteletts,
Salz, Pfeffer, Paprikapulver,
Kotelettgewürz, Fett zum Braten,
1 Päckchen helle Grundsauce,
1 Röhrchen Kapern, 4 Birnenhälften
aus der Dose, 4 hartgekochte Eier

1 Die Koteletts mit Salz, Pfeffer, Paprikapulver und Kotelettgewürz einreiben und im heißen Fett von beiden Seiten 4 Minuten braten.

2 Koteletts herausnehmen. In den Bratensatz 8 Eßlöffel Birnensaft aus der Dose und knapp ¼ Liter Wasser geben, aufkochen und mit dem Saucenpulver aus der Packung binden. Die Sauce mit Kapern vermischen.

3 Birnenhälften in Schnitze teilen und in etwas Saft erwärmen. Eier pellen und halbieren.

4 Die Schnitzel auf Tellern anrichten. Mit den Birnenspalten und den halbierten Eiern belegen und mit etwas Sauce übergießen.

Statt Kotelett kann man auch Schnitzel verwenden.

nicht gefriergeeignet

Schnitzel mit Zwiebel und Apfel

4 Schweineschnitzel, Salz, Pfeffer,
Paprikapulver, Fett zum Braten,
2 große Gemüsezwiebeln,
2 säuerliche Äpfel, 1 Teelöffel Majoran

1 Schnitzel mit Salz, Pfeffer und Paprikapulver einreiben und im heißen Fett von beiden Seiten 3 Minuten braten.

2 Dann die geschälten und in Ringe geteilen Zwiebeln, die geschälten und in Spalten geteilten Äpfel dazugeben.

3 Alles mit Majoran würzen und weitere 10 Minuten zusammen braten. Äpfel und Zwiebeln mit Salz nachwürzen.

Statt Schnitzel kann man auch Koteletts verwenden.

nicht gefriergeeignet

Schnitzel mit Kümmelkartoffeln

800 g Kartoffeln, 80 g Butter oder Margarine, Salz, Pfeffer, 1 Eßlöffel Kümmel, 4 Schweineschnitzel, Paprikapulver, 20 g Mehl, 1/8 Liter Fleischbrühe, 3 Eßlöffel Sahne, 1 Eßlöffel grüne Pfefferkörner

1 Kartoffeln als Pellkartoffeln kochen, dann abschrecken, pellen und in gleichmäßige Scheiben schneiden.

2 40 g Butter oder Margarine in einer großen Pfanne erhitzen und die Kartoffeln darin braten. Mit Salz, Pfeffer und Kümmel würzen.

3 Nebenher die mit Salz, Pfeffer und Paprikapulver eingeriebenen Schnitzel in einer zweiten Pfanne in dem restlichen Fett auf beiden Seiten etwa 4 Minuten braten. Warm stellen.

4 Das Mehl in den Bratfond rühren, mit Fleischbrühe und Sahne ablöschen und 5 Minuten kochen lassen. Mit Salz und grünem Pfeffer würzen.

5 Schnitzel mit den Kartoffeln und der Sauce anrichten.

Dazu wird ein Rote-Bete-Salat aus dem Glas oder aus frisch gekochten Knollen serviert.

nicht gefriergeeignet

Medaillons in Currysauce

500 g Schweineschnitzel am Stück, Salz, Pfeffer, Paprikapulver, 75 g Butter oder Margarine, 30 g Mehl, 1/4 Liter Fleischbrühe, 1/8 Liter Sahne, Curry

1 Schnitzel in 3 cm dicke Scheiben schneiden und diese zu Medaillons breitklopfen.

2 Jedes Medaillon mit Salz, Pfeffer und Paprikapulver einreiben.

3 Die gewürzten Fleischstücke in heißer Butter oder Margarine rasch von beiden Seiten braten. Aus der Pfanne nehmen und auf einer vorgewärmten Platte warm stellen.

4 Mehl in den Bratfond einrühren, mit Fleischbrühe und Sahne ablöschen.

5 Die Sauce aufkochen lassen und mit Salz, Pfeffer, Paprikapulver und Curry pikant würzen.

6 Sauce zu den Medaillons reichen.

nicht gefriergeeignet

Leber mit Apfel- und Zwiebelscheiben

30 g Mehl, Salz, Pfeffer, 2 Eier,
100 g gehobelte Mandeln,
4 Scheiben Kalbsleber von je ca. 125 g,
50 g Butter oder Margarine, 2 Äpfel,
2 große Zwiebeln

1 Das Mehl, die mit Salz und Pfeffer verschlagenen Eier und die Mandeln jeweils auf einen Teller geben.

2 Die zuvor abgespülten, mit Küchenpapier trockengetupften, von Sehnen und Röhren befreiten Kalbsleberscheiben nacheinander darin wenden.

3 Fett in einer Pfanne erhitzen und die Leber von beiden Seiten ca. 4 Minuten braten.

4 Herausnehmen und warm stellen.

5 Äpfel schälen, das Kerngehäuse herausstechen und die Äpfel sowie die geschälten Zwiebeln in Scheiben schneiden.

6 Im verbliebenen Fett dünsten und mit der Leber zusammen sevieren.

nicht gefriergeeignet

Koteletts mit Gurkensauce

4 Nackenkoteletts von je ca. 200 g,
Salz, Pfeffer, Paprikapulver,
40 g Butterschmalz, 3 kleine Zwiebeln,
4 Gewürzgurken, 1 Eßlöffel Mehl,
½ Liter Fleischbrühe, 1 kleiner Becher saure Sahne, 3 Eßlöffel gemischte gehackte Kräuter, einige Tropfen Essig

1 Koteletts mit Salz, Pfeffer und Paprikapulver einreiben. In dem heißen Butterschmalz auf jeder Seite ca. 8 Minuten braten. Dann herausnehmen und warm stellen.

2 Zwiebeln schälen und in Ringe, die abgetropften Gurken in Scheiben schneiden. Zwiebeln in dem heißen Bratfett glasig braten, Gurken zufügen und kurz andünsten.

3 Beides mit Mehl bestäuben und mit diesem hell durchschwitzen lassen. Mit Fleischbrühe ablöschen und 5 Minuten kochen lassen.

4 Saure Sahne und Kräuter einrühren. Die Sauce mit Essig, Salz und Pfeffer würzen. Über die Koteletts geben.

Dazu mit Petersilie bestreute Salzkartoffeln und reichlich Feldsalat reichen.

nicht gefriergeeignet

Anstatt Schnitzel oder Koteletts können Sie auch Bauchfleisch nehmen. Das Fleisch in Scheiben schneiden, möglichst flachklopfen und anschließend wie andere Schnitzel panieren und braten. Es ist nicht nur sehr preiswert, sondern schmeckt auch besonders gut.

Bäuerliche Fleischrollen

4 Bauchspeckscheiben, 4 Eßlöffel Senf, Salz, Pfeffer, Paprikapulver, 250 g Sauerkraut aus der Dose, 2 Tomaten, 2 Eßlöffel Tomatenmark, 1 Zwiebel, 1 Eßlöffel Fett, 1/4 Liter Instant-Fleischbrühe, 5 Wacholderbeeren, 1 Lorbeerblatt

1 Die Bauchspeckscheiben flachklopfen, mit Senf bestreichen und mit Salz, Pfeffer und Paprikapulver bestreuen.

2 Sauerkraut, abgezogene pürierte Tomaten, Tomatenmark und die abgezogene, feingehackte Zwiebel vermischen.

3 Die Masse auf die Bauchspeckscheiben verteilen, aufrollen und jeweils mit Rouladengarn umwickeln.

4 Fett erhitzen und die Fleischrouladen darin anbraten. Etwas Brühe angießen, Wacholderbeeren und Lorbeerblatt hinzugeben. Die Fleischrouladen 30–40 Minuten schmoren lassen, die verdampfte Flüssigkeit nach und nach durch Brühe ersetzen. Dazu Kartoffelpüree servieren.

***

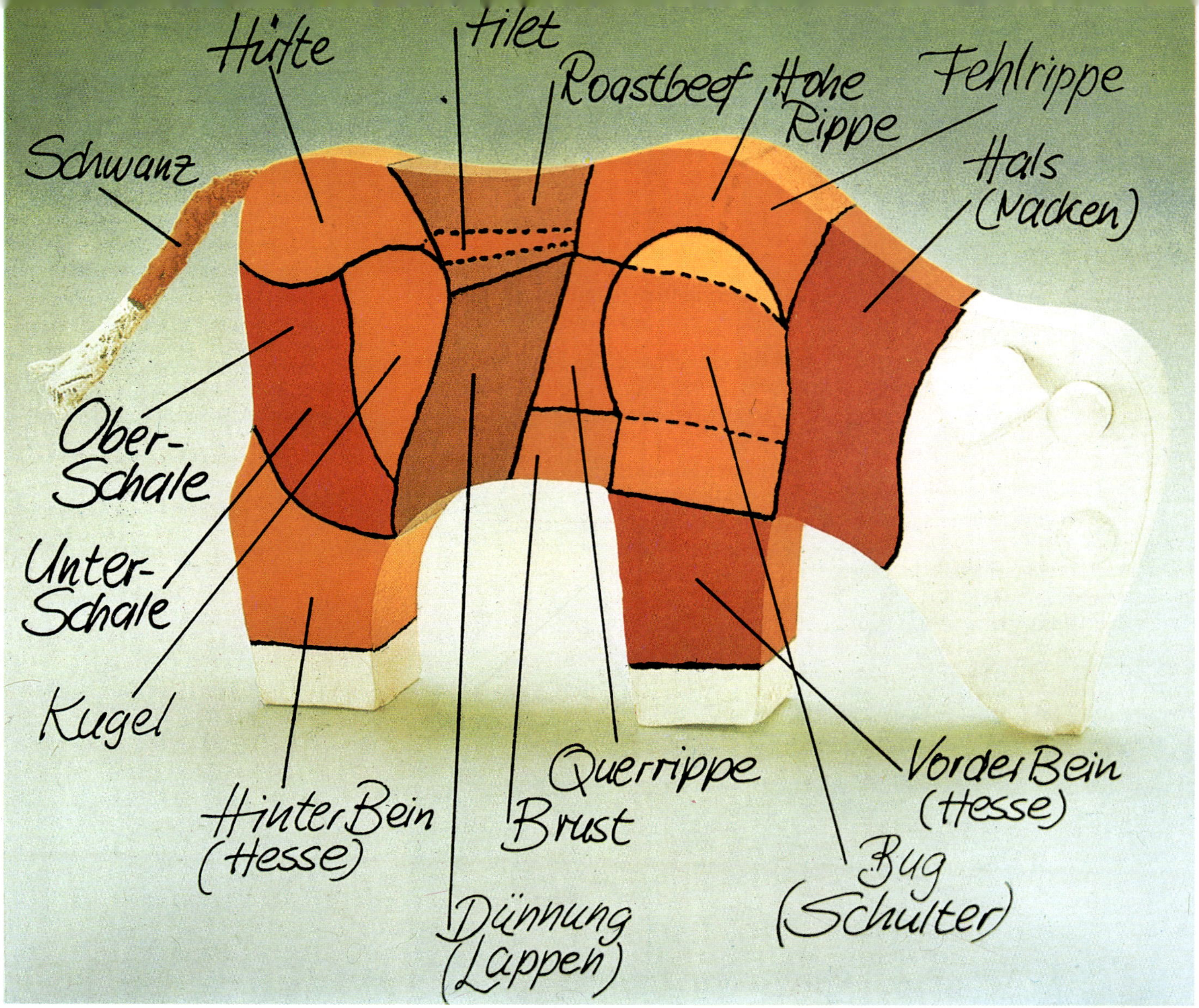

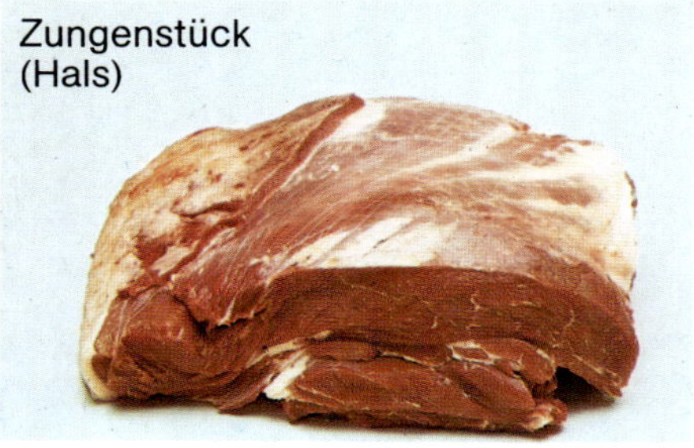

Zungenstück (Hals)

Mittelbrust

Falsches Filet

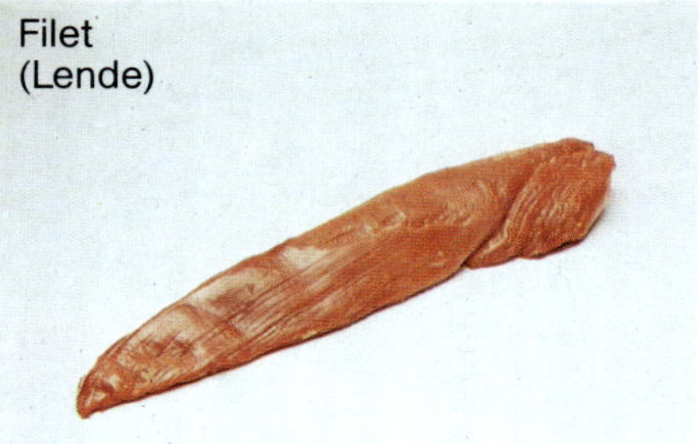

Filet (Lende)

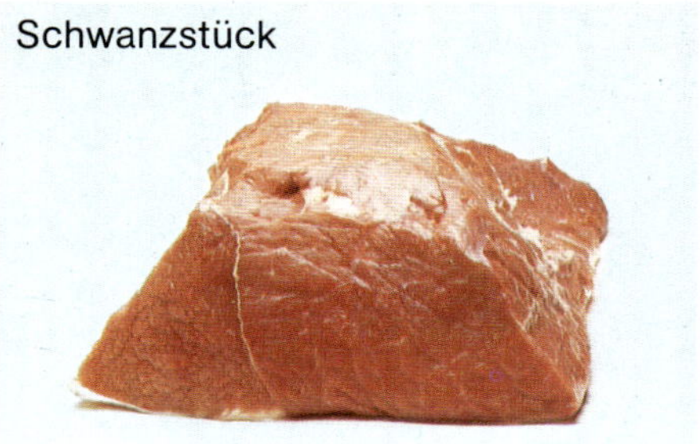

Schwanzstück

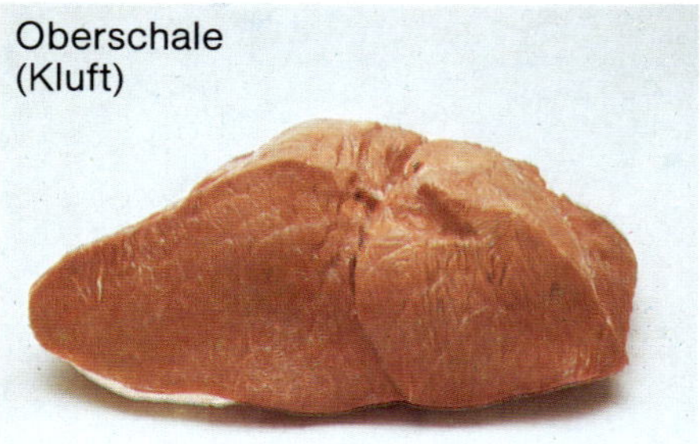

Oberschale (Kluft)

Rind ist eine feine Sache

Als Ur oder Auerochse durcheilten die Vorfahren unserer braven Hauskühe die Steppen Asiens. Aber schon vor etwa 8 000 Jahren war's mit der totalen Freiheit vorbei. In Kleinasien begann man, die ersten Rinder zu domestizieren. Aber noch als weidende Herdentiere. Von den ersten Ställen weiß erst die griechische Sage zu berichten. (Vom armen Herkules, der den verlotterten Viechern des Augias wieder ein rinderwürdiges Dasein verschaffen sollte!)

Heute gibt es Rinderzucht in allen fünf Erdteilen mit Tieren, die sich durch unzählige Kreuzungen hervorragend den klimatischen Bedingungen, ihren Lebensräumen und den sogenannten Zuchtzielen anpassen. In Süd- und Nordamerika und in Australien – alle zusammen wichtige Rindfleischlieferanten für die ganze Welt – werden riesige Herden im Freiland ausschließlich für den Schlachtviehbedarf aufgezogen. In Europa, das traditionell über kleinere landwirtschaftliche Betriebe verfügt, bervorzugt man die Zweitnutzungszucht: Das Rind, das sowohl eine gute Milchleistung erbringt, als auch gutes Fleisch liefert. Eine Milch gebende Kuh muß in jedem Jahr einmal kalben. Um den Milchbedarf zu sichern braucht man nur einen Teil der weiblichen Kälber, die übrigen werden als Schlachtvieh gemästet.

Sie werden dann entweder noch als Kälber geschlachtet oder erst als Färsen, das sind schon geschlechtsreife Tiere, die aber noch nicht gekalbt haben.

Das beste Rindfleisch stammt von Jung-Ochsen, die etwa 2 Jahre alt sind. Aber auch das Fleisch älterer Ochsen und Milchkühe kommt in den Verkauf.

Sowohl Rasse, als auch Aufzuchtmethode, Futter und Futtermittel und das Alter der Tiere beeinflussen die Beschaffenheit des Fleisches. Je älter ein Tier wird, umso kräftiger ist der Geschmack seines Fleisches, je jünger es ist, umso zarter sind die Muskeln.

In der heutigen Zeit, in der durch bestimmte Futterzusätze auch manipuliert werden kann, ist es selbst für den geschulten Verbraucher of schwer, die Qualität eines Fleischstückes richtig zu beurteilen.

Fleischkauf ist daher zur Vertrauensfrage geworden. Ein guter Fleischer ist somit von großer Bedeutung.

Im allgemeinen erwartet der Verbraucher ein Rindfleisch mit sattroter Farbe, angenehm frischem Geruch und glänzenden Schnittflächen. Das Fett ist hellgelb bis gelblich, je nach Alter des Tieres. Wichtig ist vor allem, daß das Fleisch gut abgehangen ist. Schlachtfrisches Rindfleisch bleibt – im Gegensatz zu Schweinefleisch – zäh, auch wenn es noch so lange gekocht oder geschmort wird.

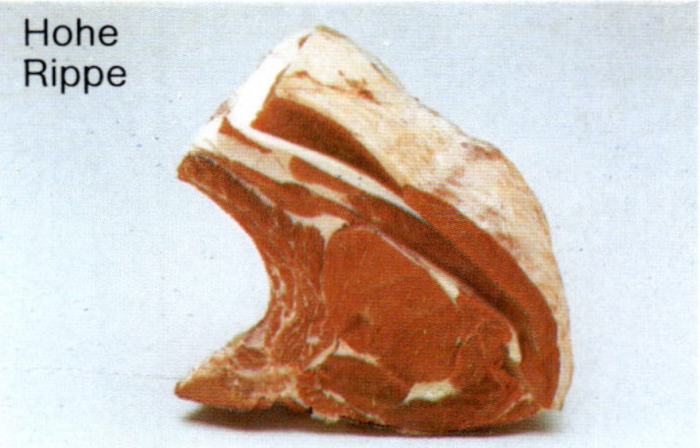
Hohe Rippe

Brustspitze

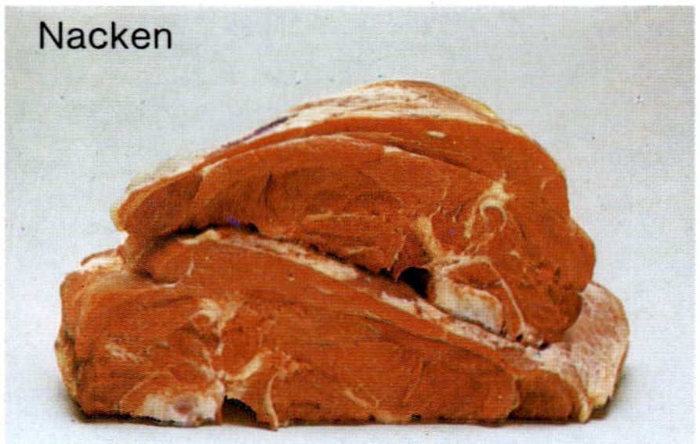
Nacken

Dünnung

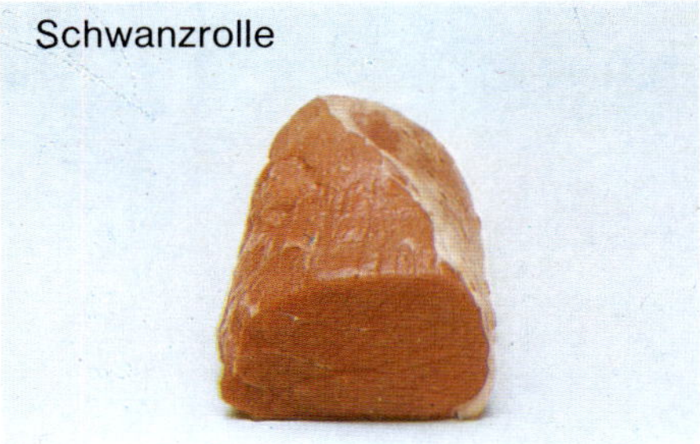
Schwanzrolle

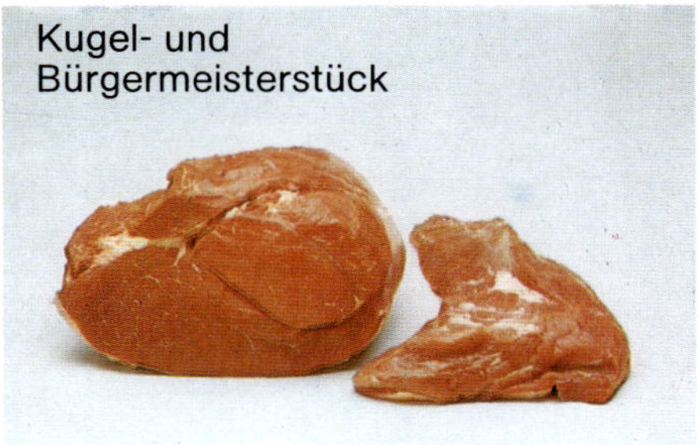
Kugel- und Bürgermeisterstück

Rind ist eine feine Sache

Rindfleisch zum Kochen mindestens 3, besser noch 5 Tage abhängen. Schmorfleisch sollte etwa 10 Tage, Fleisch zum Braten bis zu 14 Tage alt sein, dann wird es beim Garen besonders zart.

Beim Schwein ist es den Züchtern ja zum Teil gelungen, das Fleisch den Verbraucherwünschen anzupassen, beim Rind sind Angebot und Nachfrage nicht so leicht in Einklang zu bringen.

Bratenstücke und die sich zum Kurzbraten eignenden Stücke stehen beim Verbraucher besonders hoch im Kurs. Da sie aber nur in begrenzten Mengen vorhanden sind, führt die steigende Nachfrage zu hohen Preisen, die der Haushaltskasse nicht gut bekommen. Auf Rindfleisch braucht man dennoch nicht zu verzichten, auch in der Alltagsküche nicht. Es gibt preiswerte, aber sehr schmackhafte Stücke, die sich sowohl zum Schmoren, Kochen als auch zum Grillen eignen.

Kochfleisch hat sogar zwei gute Seiten. Wenn man das Fleisch zusammen mit einigen Knochen in heißem Wasser aufsetzt, gibt es eine kräftige Brühe. Und das, bei diesem Verfahren nur mäßig ausgelaugte Fleisch ist mit pikanten Saucen, Gemüsen und Bouillonkartoffeln oder mit Bratkartoffeln ein Hochgenuß. Oder man serviert das gekochte Fleisch als sogenanntes Tellerfleisch, mit etwas Brühe übergossen, mit frischem Meerrettich bestreut und mit Gewürzgurken garniert als deftige Abendmahlzeit. Kaltes Kochfleisch in kleine Würfel oder Scheiben geschnitten ergibt die Grundlage für pikante Salate.

Was der Verbraucher auch wissen und beachten sollte: Rindfleisch darf ruhig ein wenig Fett haben. Ganz gleich, auf welche Weise man es zubereitet, erst das Fett gibt das Aroma und macht das Muskelfleisch zart und saftig.

Schlachtrind wird sozusagen in vier „Geschlechter" unterteilt:

1. Färse
2. Kuh
3. Jungbulle oder Bulle
4. Ochse (ein männliches, aber kastriertes Tier).

Wenn man die gleichen Stücke der verschiedenen Tiere nebeneinander legt, kann man die Unterschiede gut erkennen an der Maserung und an der Fleischfarbe. Da man aber selten Gelegenheit zu einem solchen Vergleich hat, sollte man stets seinen Fleischer fragen, welches Stück für welchen Zweck besonders gut geeignet ist.

Die Ware in Frischfleischabteilungen stammt fast ausschließlich von Färsen, Jungbullen und Ochsen. Kuh- und Bullenfleisch wird seines kräftigeren Geschmacks und seines besonders festen Muskelfleischs wegen vor allem zur Wurstherstellung verwendet.

Dicker Bug

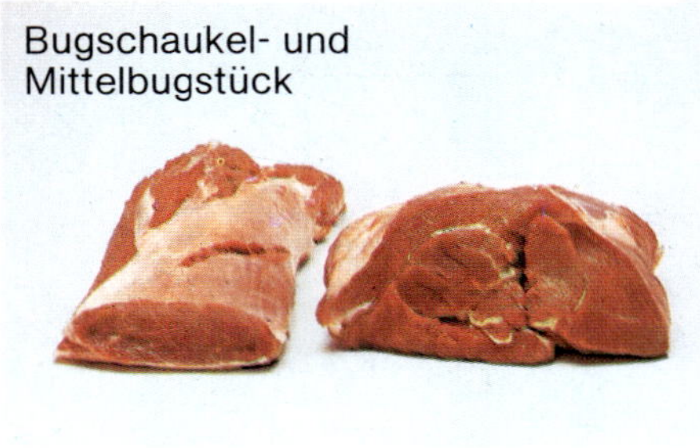
Bugschaukel- und Mittelbugstück

Roastbeef (Rumpsteak)

Quer- oder Flachrippe

Hüfte und Hüftdeckel

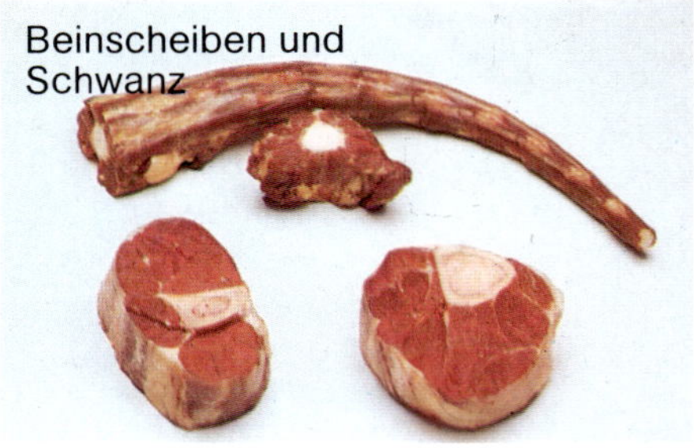
Beinscheiben und Schwanz

Garungsart	Welche Stücke sind dazu geeignet
Kochen und Garziehen	Zungenstück Nacken (Hals) Brust Hohe Rippe Flach- oder Querrippe Bugschaufelstück Mittelbugstück Lappen (Dünnung) Beinscheibe, Schwanz
Schmoren	Oberschale Schwanzstück (mit Schwanzrolle) Querrippe Kugel Falsches Filet Dicker Bug Bugschaufelstück Gulasch Rouladen
Braten	Roastbeef Hohe Rippe Filet (Lende) Oberschale Schwanzstück Kugel Hüfte Hüftdeckel
Kurzbraten und Grillen	Scheiben (Steak) von: Roastbeef (Entrecôte) Hüfte Filet (Lende, Chateaubriand) Beefsteak (Oberschale, Kluft, Kugel)

Etwa 50 Prozent des Fleisches vom Rinderhinterviertel liefert die **Keule.**

Sie wird in vier Teilstücke unterteilt:

Oberschale
Unterschale und Schwanzrolle
Kugel oder Nuß
Hüfte oder Hüftdeckel.

Alle Keulenstücke liefern hochwertige Braten, können aber auch als Rouladen oder Steaks geschnitten werden.

Die Schwanzrolle ergibt besonders zartes Kochfleisch, das dann als Tafelspitz gereicht wird.

Das Fleisch der Oberschale kann man sehr gut für Fleischfondue verwenden.

Ober- und Unterschale ergeben besonders zartes Gulasch und eignen sich für Sauer- und andere Schmorbraten.

In der Keule, genauer gesagt in der Kugel, befindet sich das sogenannte **Bürgermeister-** oder **Pastorenstück.** Es hat einen ganz ausgezeichneten Geschmack, eignet sich zum Grillen, ergibt hervorragenden Schmorbraten, Gulaschgerichte und Ragouts.

Der Rücken ist das Beste und das Teuerste vom Rind: Aus ihm werden **Filet** und **Roastbeef** geschnitten. In Scheiben geschnittenes Roastbeef ergibt **Rumpsteaks** – oder auf französisch – **Entrecôtes.** Diese Stücke sollten stets kurz und möglichst nie ganz durchgebraten werden. Auch das ganze Roastbeef als Braten wird – ob kalt oder warm gegessen – mit einem rosa „Kern" gebraten. Faustregel für Roastbeef: Pro cm Fleischhöhe 8 Minuten Bratzeit, unabhängig vom Gewicht.

Bei Rumpsteaks oder anderen Steaks mit Fettrand muß dieser stets mehrmals mit einem Messer eingeritzt werden, damit sich das Fleisch beim Braten nicht wölbt und gleichmäßig erhitzt wird.

Aber Steaks müssen nicht immer aus den teueren Rückenstücken geschnitten werden, alle guten Bratenstücke liefern auch zarte Steaks. Lassen Sie sich deshalb von Ihrem Fleischer beraten.

Zum Schmoren und Braten eignen sich vor allem Stücke aus der Schulter: **Dicker Bug, Mittelbugstück, Bugschaufelstück** und das sogenannte **falsche Filet.** Diese Stücke liefern hervorragende Sauerbraten. Einen preiswerten, aber saftigen Rinderbraten ergibt das **Zungenstück,** das auch **Fehlrippe** genannt wird und ebenfalls sehr gut zu Gulasch verarbeitet werden kann.

Das beste Kochfleisch ist die **Hohe Rippe,** ein Rückenteil. Starke durchwachsene Hohe Rippe schmeckt, zuvor kräftig mariniert, ganz besonders gut vom Grill.

Kerniges Kochfleisch, das vor allem gern in Eintöpfe gegeben wird, schneidet man aus **Mittelbrust** und **Brustspitze.**

Besonders kräftige Brühen kocht man aus den **Lappen** (oder **Dünnung**), aus der **Querrippe** und aus **Ochsenschwanz** und **Ochsenbein.** Ochsenbein ist vor allem wegen des Marks in den Beinscheiben beliebt. Die Scheiben sollten übrigens nicht dicker als 4 bis 5 cm geschnitten werden.

TIP

Wenn Sie glauben, Ihr Schmorbraten wird nicht zart genug, geben Sie 1–2 Schnapsgläschen hochprozentigen Korn oder Wodka in den Bratfond – das macht jedes Fleischstück mürbe! Während des Garens verflüchtigt sich dann der Alkohol.

Ein Tier mit vielen guten Seiten

„Schwein muß der Mensch haben", sagt man, wenn man meint, ein wenig Glück täte ganz gut.

Schwein und Glück lagen schon zu Urzeiten dicht beieinander. Für den Steinzeitmenschen bedeutete, ein Schwein – ein Wildschwein natürlich – gefangen zu haben, einige Wochen lang volle Bäuche für ihn und seine Sippe.

Man nimmt an, daß es als ersten den Chinesen gelang, das Wildschwein zu domestizieren. Das hohe Ansehen, das dieses Tier dort auch heute noch genießt, kann man daran ermessen, daß ein Schriftzeichen, das ein Schwein unter einem Dach darstellt, das Symbol für „Heim" darstellt.

Auch der europäische Bauer, der ebenfalls sehr früh schon das Hausschwein kannte, wußte dieses Tier über alle Maßen zu schätzen. Es war nicht nur über viele Jahrhunderte hinweg praktisch die einzige Fleischquelle für die ärmeren Schichten, sondern wegen seiner Genügsamkeit konnte es sozusagen nebenher miternährt werden, ohne dem Menschen, wie es z. T. das Rind tut, als Nahrungskonkurrent in die Quere zu kommen.

Und wenn zum Winterbeginn das Futter knapp wurde, hat man das Tier einfach geschlachtet. Die Haltbarmachung war kein Problem, denn etwa seit Beginn unserer Zeitrechnung sind die Methoden des Einpökelns und des Räucherns in Europa bekannt. Und gerade damit gewinnen wir dem Schwein einige seiner besten Seiten ab: Schinken und Speck, die in nicht wenigen Gegenden ganz typische Spezialitäten sind.

Garungsart	Welche Stücke sind dazu geeignet
Kochen und Garziehen	Nacken (Kamm) Bauch Brust (Dicke Rippe) Eisbein
Schmoren	Schulter (Bug) Brust (Dicke Rippe) Bauch Haxe
Braten	Oberschale Unterschale Hüfte Kugel Filet (Lende) Rücken Nacken (Kamm)
Kurzbraten und Grillen	Scheiben von: Schnitzel (Oberschale, Unterschale, Hüfte, Kugel) Filet (Lende) Rücken (Kotelett) Nacken (Kamm) Bauch (Falsches Kotelett)

Nacken (Kamm)

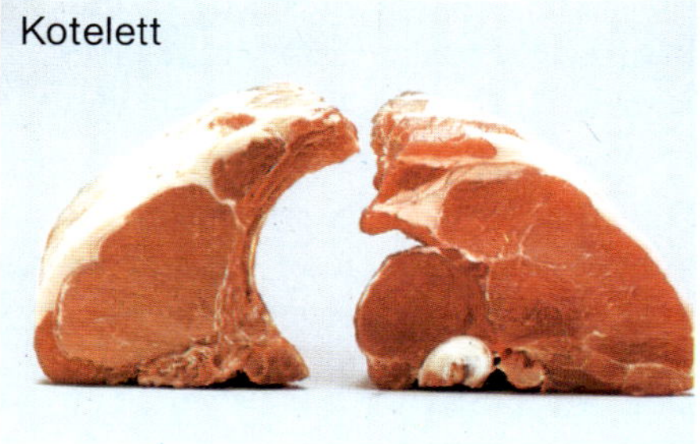
Kotelett

Filet (Lende)

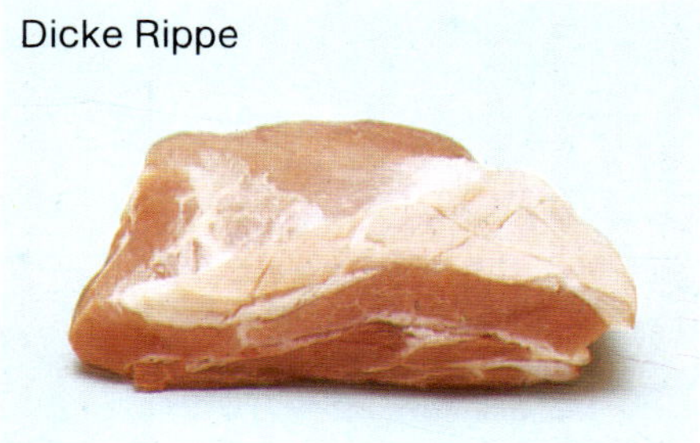
Dicke Rippe

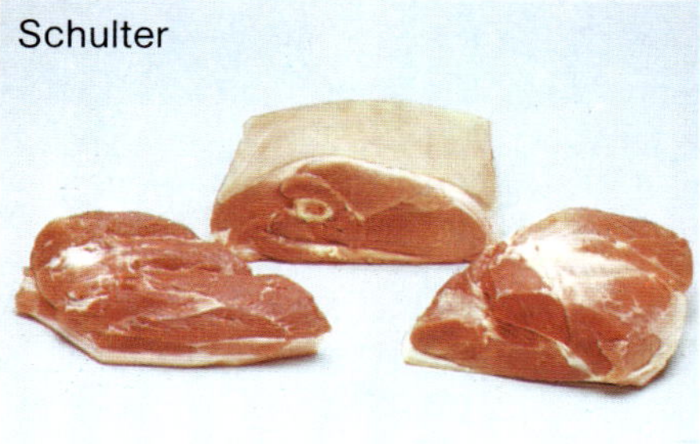
Schulter

Bauch

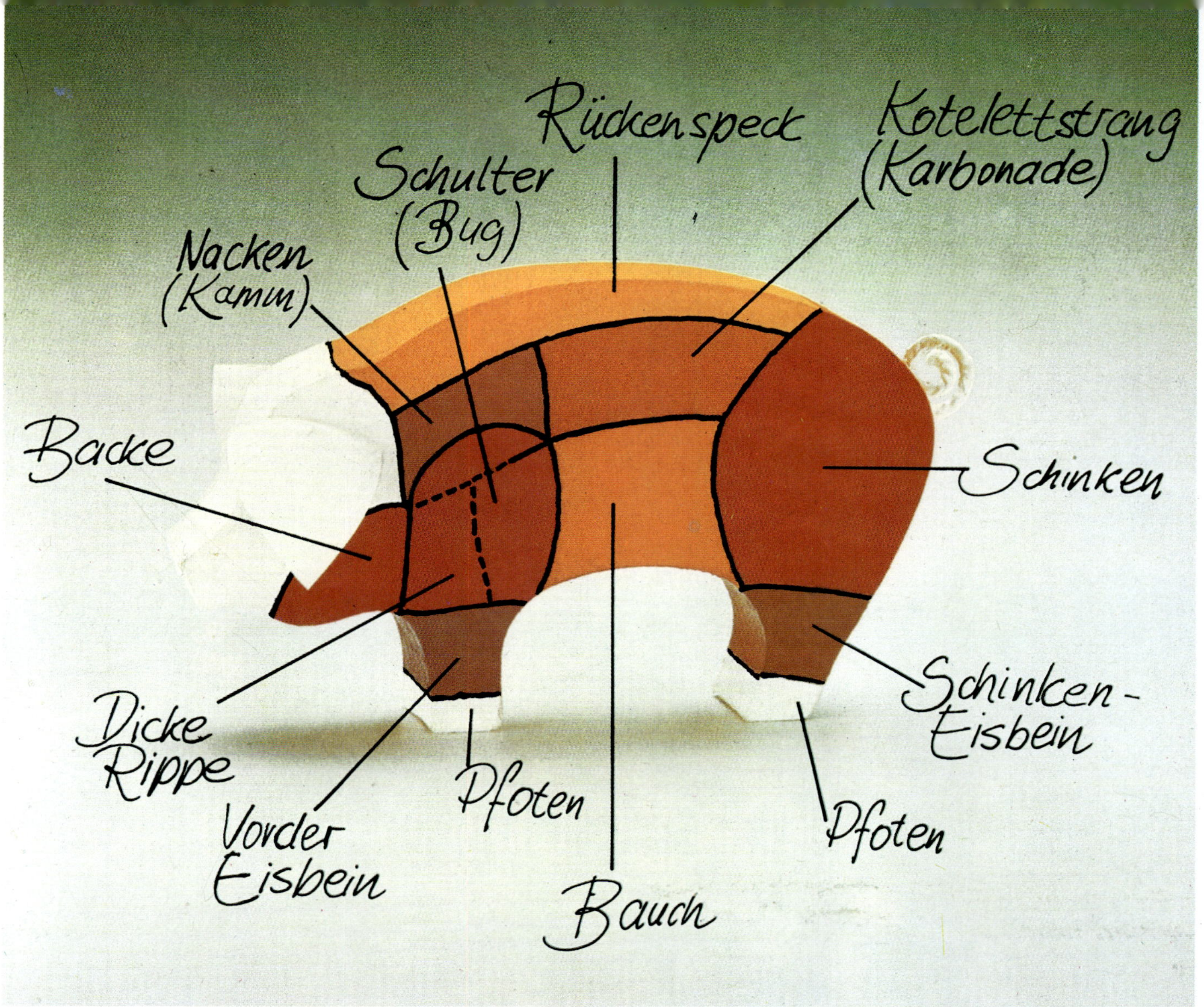

Oberschale

Nuß

Hüfte (Schinkenspeckstück)

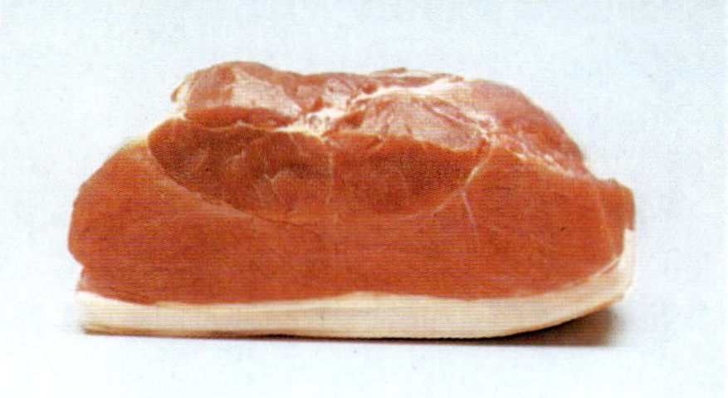

Unterschale

Vorder- oder Schinkeneisbein

Rezeptverzeichnis